노인상담의 첫걸음

노인상담의
첫걸음

Forrest Scogin 지음 | 김영경 옮김

∑ 시그마프레스

노인상담의 첫걸음

발행일 | 2008년 6월 25일 1쇄 발행
2009년 10월 1일 2쇄 발행

저자 | Forrest Scogin
역자 | 김영경
발행인 | 강학경
발행처 | (주)시그마프레스
편집 | 이미수
교정·교열 | 김은실

등록번호 | 제10-2642호
주소 | 서울특별시 마포구 성산동 210-13 한성빌딩 5층
전자우편 | sigma@spress.co.kr
홈페이지 | http://www.sigmapress.co.kr
전화 | (02)323-4845~7(영업부), (02)323-0658~9(편집부)
팩스 | (02)323-4197

인쇄 | 남양인쇄   제본 | 동신제책
ISBN | 978-89-5832-500-0

The First Session with Seniors

내가 중학생일 때 '어른들은 도대체 무슨 재미로 살까?' 하는 생각을 했다. 그들은 직업과 결혼 등 인생에서 중요한 것이 이미 정해진 '미지의 무엇은 없는, 갈 길이 번한 가엾은 사람들'로 나의 동정심을 유발시키는 종족이었다. 그리고 '난 40대까지만 살리라.' 했었다. 불혹(不惑)이라는 말에 속아 흔들림 없는 의연한 삶에 대한 기대로 마흔 줄까지는 살리라고. 그 이후를 살게 된다면 지루하여 지난하기 이를 데 없을 그 삶을 버티게 해 줄 새로운 뭔가를 배우는 일을 시작하리라 했었다. 음악을 좋아하는 나는 첼로를 배울 계획이었다.

그게 다였다. 노인이 된 나의 모습을 그려 본 기억이 없고(어쩌면 막연한 혐오감으로 생각조차 못하게 했는지도 모른다), 마흔 주변에서야 나의 노년을 처음으로 떠올리게 되었다. 사람은 자기중심적이고 어리석은 데가 있어 자기 또래나 가까운 미래만 눈에 들어오는 법인가 보다. 제 나이 든 줄은 모르고 '예전엔 거리의 경찰이 듬직한 아저씨들이었는데, 요즘은 웬 어린 사람들인가?' 생각하기도 했으니, 노인은 나의 고려 대상도

못 되었을 터이다. '나는 어려서 할아버지라는 사람의 종류가 따로 있는 줄 알았었다.'는 피천득 선생의 글이 재밌고도 쓸쓸하게 다가온다.

좀 엉뚱한 얘기지만, 언젠가 노계(老鷄)를 사서 요리한 적이 있었다. 비록 더 이상 알을 낳지 못해 생산적이지는 않다 하더라도 '그래도 생명인데 이래도 되나?' 싶을 정도의 저렴한 목숨 값을 지불한 닭은 보기에도 민망할 정도의 두껍고 거친 껍질에, 맛까지 무덤덤하고 질겨, 순간 계생(鷄生)이 인생(人生)과 연결되며 눈물이 찔끔 났다.

난 노인들을 보면 이런 생각이 들곤 한다. '지금 저들은 자신의 어릴 적 꿈으로부터 얼마나 멀리 와 있는 걸까?', '저들이 지금껏 버린 건 무엇이고 지니고 있는 건 무엇일까?', '지금이라는 시간은 예상했던 시간이며, 지금의 자신의 모습을 합당하게 생각할까?', '저들의 체험이 주는 삶의 정의는 무엇일까?', '지금 저들의 삶을 지탱하게 하는 건 무엇일까?' … 나는 그들에게서 아이를 보고, 청년을 보고, 중년을 본다. 그리고 그 속에 배인 고달픔과 아픔이 내게로 전해져 오면서 그 노고에 경외를 느낀다. 그들의 주름과 백발과 구부정한 허리와 느린 걸음과 지혜와 넉넉함과 옹졸함까지 그 모습 그대로 하나의 삶이 되고 경전이 된다.

내게 꿈이 있다면, 칠팔십 대가 된 어느 날 미소 머금은 얼굴로 '인생은 어느 나이고 다 살 만하다.'는 말을 할 수 있는 것이다. 노화를 서글픔이 아닌 자연스러움과 아름다움으로 수용하며 삶을 관조하는 여유와 지혜로 여전히 사랑하고 일하는 노년을 꿈꾸어 본다.

❤ ❤ ❤

이 땅의 모든 부모님과 어르신께 존경과 감사의 마음을 전한다. 그리고 노인에게로 나의 관심을 이끌어 주시고, 2년 전 공저한 『노인상담 : 경험적 접근』 탈고 후 참고도서로 쓰였던 이 책을 주시며 번역을 권유하신 이장호 선생님께 깊이 감사드린다. 학문에 대한 선생님의 태도는 내게 큰 자산이 되었다. 아울러 이 지면을 빌려 동양사상, 특히 불경을 연구하시고 우리 문화를 바탕으로 한 집단상담 '행복훈련'을 개발하여 실시하고 계신 조현춘 선생님과 노인에 대한 사회적 관심이 미약하던 1990년대부터 학부와 대학원에 노년심리학을 개설하여 강의하시고 관련 연구를 해 오고 계시는 진영선 지도교수님께 고마움을 전하고 싶다. 또한 부족한 내 능력에도 번역서 출판을 감행하신 (주)시그마프레스의 강학경 사장님을 비롯하여 이상덕 차장님, 편집부 담당자들께 감사의 말씀 전한다.

이제, Scogin을 만날 차례이다. 그는 마치 우리에게 "노인과 상담할 땐 말이야…"라며 다정하게 이야기를 들려 주는 듯하다. 역자로서 이 책이 노인상담에 대한 교재가 부족한 현실에서 유용한 지침서가 되길 바라며 역자의 무능을 독자들이 너그러이 보시고 지도해 주시기 부탁드린다. 마지막으로 독자들이 이 책 속에서 노인과 상담하는 방법뿐만 아니라 삶을 만나고 자신을 만나기 바란다. 그럼, 행운이 있길!

내가 심리치료 분야의 학생, 교사, 지도감독자, 임상가를 거쳐 온 30여 년간 많은 것이 변했다. 치료기간은 더 짧아지고, 더 많은 사람들이 도움을 받을 수 있고, 정신활성 약물의 효력은 더 커지고, 심리적 도움을 받는 것에 대한 부정적인 생각이 감소했다.

그러나 한 가지 문제는 변하지 않고 남아 있다. 치료전문가는 응급개입을 하고 변화과정이 시작되는 데 첫 회기가 결정적이라는 것을 분명히 알고 있다. 게다가 보험이 적용되는 치료와 보험 혜택금액이 한정되어 있고 치료의 본질이 문제해결과 단기목표에 더 초점을 두기 때문에 현재의 정신건강 실제에서는 첫 회기가 훨씬 더 중요해진다. 사실 오늘날 모든 심리치료 내담자의 40%는 단지 한 회기만 참여하고, 나머지는 일반적으로 4회 또는 5회 진행한다.[1]

치료전문가로서 우리는 첫 회기를 다음과 같이 사용해야 한다는 것을 알고 있다.

- 관계형성과 작업동맹 맺기
- 위기개입의 필요성을 평가하기

　　제시문제의 평가와 진단 확증하기

　　정서 탐색하기

　　문제에 초점 맞추기

　　해야 할 일에 대해 상호 동의하기

- 해결을 위한 선택안을 탐색하기(대안에 따라 치료가 계속될 수 있다.)[2]

따라서 이 책은 단일회기에서의 이러한 목표를 달성하는 것이 중요하다는 것을 충분히 인식하고 시작된다. 또한 나는 이 책을 통해 우리가 도와주기를 희망하는 내담자의 배경, 문화, 경험의 다양성에 대한 민감성과 존경심을 설명하고자 한다.

성공적인 첫 회기에 필요한 일반적 기술을 여러 가지 말할 수 있지만 대부분의 치료전문가는 내담자의 구체적인 요구에 맞춰 개입해 줄 필요성을 인식한다. 10대와의 성공적인 첫 회기를 위해 알아야 하는 것은 70대를 위해 알아야 하는 것과는 매우 다르다. 따라서 이 책은 학생, 교육자, 실습생을 위해 미세하게 조정된 구체적인 정보로 현행의 치료기술을 풍부하게 하는 방법에 대한 필수적인 지식을 제공한다.

이런 목표를 명심하고 우리는 Forrest Scogin에게 노인과의 첫 회기에서 임상효과를 증진시키는 방법을 말해 달라고 요구했다. 통계적으로 노인인구가 증가하여 노인상담이 불가피해지는 상황에서 그는 민감하고 효율적으로 상담을 시작하도록 한다. 그는 가장 일반적인 제시문제와 노인에게 결정적인 원인일지 모르는 숨겨진 문제를 통해 우리를 안내하기 때문에 그의 경험은 생생하게 다가온다. 그는 우리에게 무엇을 예상하고, 무엇을 찾고, 위기를 어떻게 관리하고, 가장 중요한 것은 이런 목표를 달성하는 데 필요한 라포(rapport)를 어떻게 형성하는지를 말한다. 그는 첫 회기 동안에 청각·시각·인지·신체의 한계를 관리하는 데 필요한 포괄적인 지식을 제공하고, 일차 진료 의사와의 협동치료, 상실과 우울 다루기, 특별한 전이와 역전이 문제의 극복 등과 같은 특수한 문제를 다룬다.

노인 내담자의 요구를 만족시키기 위해 기본적인 치료기술이 어떻게 개조되어야 하는지를 발견하려면 치료전문가가 다른 연령층과의 첫 회기 효과를 향상시키는 것에 대해 더 배우는 것이 필요한 것 같다. 우리는 이 책을 통해 당신의 내담자를 특별한 집단으로서 더 깊이 이해할 뿐만 아니라 각 개인의 독특한 특성에 대해 동감하라고 가르치고 싶다. 마지막으로 우리는 저자가 제시하는 지혜, 경험, 기술, 전략이 첫 회기의 효과를 전반적으로 향상시키길 희망한다.

1999. 8   Jeanne Albronda Heaton

오하이오, 아테네

 각주

1. Klienke, C. L. *Common Principles of Psychotherapy*. Pacific Grove, Calif.: Brooks/Cole, 1994, p.176.
2. Heaton, J. A. *Building Basic Therapeutic Skills*. San Francisco, Jossey-Bass: 1998, p. 69.

나는 마치 오스카 시상식에 있는 기분이다… 감사해야 할 사람이 아주 많다.

첫째, 내가 일에 몰두해 있는 동안 잘 참아 준 나의 아내 Margo에게 깊이 감사한다. 그녀는 또 나의 샘이 말랐을 때 내가 사례 자료를 더 생각해 내도록 도와주었다. 나는 또 나의 아이들인 Allen과 Melanie에게 감사하고 싶다. 아이들은 내가 함께 공놀이하고 이야기책을 읽어 주는 데 시간을 많이 할애하지 못한 점을 참아 주었다.

몇 년간 내가 함께 작업했던 대학원생들은 내가 그들을 지도감독 하는 동안 노인심리치료에 대해 많이 가르쳐 주었다. 필시 그들이 실감하는 것보다 더 그랬다. 내가 함께 작업하는 특권을 누렸던 노인 내담자들에게는 뭐라고 말할 수 있을까? "이 책은 여러분 덕분입니다."

나는 심리치료와 노화에 있어서 조언자인 Martha Storandt, Larry Beutler, Sol Garfield를 잊을 수 없다. 아마 내가 이렇게 말하면 선의의 놀림을 더 받을지 모르겠지만 나는 앨라배마 대학 심리학과의 동료들에게 감사하고 싶다. "자네는 아직도 첫 회기의 첫 20분을 다루고 있는 가?"라는 그들의 반복적인 질문은 고맙고도 재미있는 안도감을 주었다.

마지막으로 나는 Jeanne Albronda Heaton에게 고마움을 표하고 싶다. 그는 내가 계속 작업할 수 있도록 했고 나의 초고에 대해 유용한 피드백을 해 주었다. 또한 머리말을 써 준 것도 감사한다.

017   **서론**

025   **제1장 노화심리학의 기초**

055   **제2장 의뢰와 제시문제**

079   **제3장 평가와 진단**

105   **제4장 동맹**

127   **제5장 상담전략**

147   **제6장 위기개입**

167   **제7장 첫 회기 이후**

181   **제8장 사례공부**

197 발문

199 더 읽을거리

201 찾아보기

서론

많은 상담자는 노인이 되어 가는 것에 대한 자기의 관점에 열중하여 노인과의 첫 회기를 보게 된다. 쇠퇴, 우울, 절망-죽음. 누가 이런 것을 다루고 싶어 하겠는가?

그것이 노인과 작업하는 것의 전부라면 나라도 새로운 흥밋거리를 찾을 것이다. 분명히 노인은 쇠퇴와 우울을 경험하기는 하지만 그것이 전부는 아니다. 그와 대조적으로 이런 작업은 나의 호기심을 자극하고, 다음과 같은 것을 발견하는 기회가 된다.

- 60여 년간 생애의 굴곡과 역전
- 일생의 장애를 극복하는 것을 보는 애통함
- 질병과 실패에 직면하여 희망을 유지하는 법
- 통합과 의미를 찾는 것에 따르는 지혜

이런 기회는 나의 치료경력을 돋보이게 한다. 이것이 내가 노인과의 작업이 아주 할 만한 가치가 있다고 주장하는 이유다.

이런 호감은 노년의 내 동료가 종종 내게 하는 "자네는 늙는다는 것을 배우고 있네."라는 말로 표현될 수 있다. 나는 내담자가 자신의 신체적인 질병과 그 질병으로 인해 그들이 감당해야 하는 보상에 대해 이야기하는 것을 들으면서 이 말을 종종 떠올린다. 그러나 오해하지는 말기 바란다. 노인 내담자는 다른 집단과 마찬가지로 치료 작업과정에서 동일한 좌절을 준다. 예를 들어 그들은 굳어버린 성향으로 치료에 저항하고 과하게 수다스러울 수 있다. 게다가 인지적 손상의 복잡함이 배경에 잠재해 있고 많은 경우에는 그 복잡함이 항상 존재한다. 그럼에도 불구하고 나는 노인과의 작업을 매우 중요하다고 생각한다. 당신은 내가 '노인'

동료에게서 들었던 똑같은 평가를 받을 것이다.

내가 노인과의 첫 회기에 대한 책이 치료전문가에게 중요하다고 생각하는 데에는 몇 가지 이유가 있다. 하나는 통계적인 필요성인데, 즉 노인의 절대수와 비율이 급속히 증가하고 있다는 것이다. 점점 더 내담자 연령이 높아질 것이고, 특히 전후 베이비붐 시대에 태어난 사람이 성인 후기에 이르는 때는 그럴 것이다. 이는 제2차 세계대전 이후에 태어난 사람이 심리적 어려움을 더 많이 겪고 있는 예로도 증명된다. 그래서 앞으로는 노인이 많을 뿐만 아니라 그들이 현재의 노인보다 더 많은 행동건강치료를 필요로 할 것이라고 믿는 데에는 충분한 이유가 있다.

둘째로, 노년심리학을 훈련받은 상담자가 비교적 드물다는 것이다. 당신이 전문가이든 아니든 분명히 담당한 사례 중에 이미 노인이 있을 것이다. 이는 심리치료의 가장 중요한 회기인 첫 번째 회기를 어떻게 하는 것이 최선인가에 대해 안내할 필요성을 말해 준다. 당신이 최선의 작업을 하기 위해서 노인의 장점과 한계에 대한 이해는 절대적이다. 예를 들어 나는 노인 내담자가 약속을 지키고, 숙제를 끝까지 다하고, 치료전문가와 내담자의 경계를 존중하는 면에서 극도로 성실하다는 것을 알았다. 그 반면 인지와 감각의 쇠퇴 때문에 정상적인 치료속도로 가는 것은 현명하지 못하다.

게다가 치료는 회기 수가 짧아질수록 첫 회기의 중요성이 커진다. 당신은 몇 회기만 하게 될지도 모르고 아니면 단지 한 회기만 할지도 모른다. 몇 회기 하지 않아 치료목표에 도달해야 할지도 모르기 때문에 치료를 느긋하게 시작하는 것은 무분별하다. 첫 회기를 최대한 효과적으로 하는 것은 모두에게 유익하다. 내담자에게는 분명히 이롭고, 치료전문가에게도 개인적으로나 재정적으로도 이롭다. 개인적 이득은 내담자가 개선되어 가는 것을 함께 함으로써 내담자와의 친밀감을 경험하는 것에서 온다. 게다가 노인과 작업하는 대부분의 상담자는 인간의 고통과 총체적인 건강관리 비용이 줄어든다면 사회에 이롭다는 것을 안다.

내가 노인과의 첫 회기가 중요하다고 생각하는 마지막 이유는 심리치료의 실제가 인간이 수행하는 모든 활동 중에 인지적으로 또 정서적으로 가장 복잡한 것 중에 하나이어야 한다는 것이다. 상담 중 발생하는 복잡한 활동을 분석하여 좀 더 상세한 양식으로 제시하는 것이 우리가 가르치고 배우는 내용이다. 나의 목표는 그 상세한 항목들을 당신이 결정적으로 평가하여 자기에게 맞도록 바꾸기 쉽게 하는 것이다.

이 책의 목표는 각 장에 반영되어 있다. 어떤 집단이든지 최적의 작업을 하기 위해서는 그 집단에 대한 기본적인 정보를 숙달해야 한다는 것이 내 믿음이다. 첫 장에서 나는 독자에게 노화심리학에 대한 기초를 제공한다. 우리 모두는 일생을 통해 계속 발달한다. 그러나 대부분의 치료 전문가는 노인 내담자보다 젊기 때문에 안내자로서 자신의 경험을 사용할 수 없다. 우리는 노인이 싸워 이겨내야 하는, 첫 회기 작업과 관련된 기본적인 심리적·생물적·사회적 문제를 논의할 것이다.

제2장에서 우리는 노인이 심리치료를 받는 전형적인 문제를 볼 것이다. 우리는 노인이 심리치료 첫 회기에 오는 경로에 대해 이야기한다. 특히 가족 성원에 의해 시작되거나 촉진되는 치료에 주목하고, 그 가운데 있을 수 있는 위험과 보람을 살펴본다. 이 장에서 우울, 불안, 물질남용, 수면, 고독과 같은 제시문제에 있어서 특정 연령층에 고유한 차이를 개관할 것이다. 우리는 또한 기억에 대한 호소와 성인자녀를 다루는 데 있어서의 그 연령층 고유의 차이도 볼 것이다.

그 다음은 실행에 관한 장이다. 제3장은 평가와 진단에 대한 내용이다. 노인과 작업할 때에는 인지적 및 건강 상태라는 문제에 훨씬 더 주의를 많이 기울이는 것이 필요하다. 왜냐하면 그 두 가지 상태는 노인과 작업하는 데 아주 중요하고, 첫 회기는 평가의 임계점이 된다. 나는 인지적 기능에 대한 비공식적인 그리고 공식적인 평가척도를 살펴보고 공식적인 평가를 수행하는 환경에 대해 제안을 할 것이다. 심리치료에 참여하는 극소수의 노인이 건강문제가 없거나 제시문제와 무관한 부수적인 치료를 받는다. 나는 몇 가지 예를 소개하는데, 이 예는 인지 및 건강상태가 심리치료의 과정 및 결과와 갖는 관계를 강조한다. 치료방향과 치료 가능성조차도 첫 회기에 대부분 결정될 수 있다.

제3장의 제2부는 내가 생각하는 진단의 장단점에 관한 것이다. 진단은 때로 부적절한 것에 가깝기도 하지만 오늘날의 정신건강치료의 필수적인 부분이다. 보험업자는 행동건강치료자에게 변상하기 위해 부적절한 것을 요구하는 경우도 있다. 좋든 싫든 이것이 현실이다. 이와 반대로 진단은 내담자와 치료전문가에게 편리한 의사소통 수단을 제공할 수 있다. 이 장에는 노인 내담자와 대조적인 생각을 의사소통하는 것에 대한 논의도 있다.

제4장에서는 내가 심리치료에서 가장 중요한 요소로 생각하는 동맹에 힘을 쏟았다. 나는 노인과의 작업동맹을 촉진시키는 방법을 몇 가지 제시한다. 상담자는 노인에게 종종 영향을 끼치는 문제를 이해하고 유능하다는 것을 보여 주는 것이 그렇듯이, 노인에게 존경을 표시하는 것은 이 과정에서 필수적인 요소이다. 첫 회기에서 특히 민감한 영역은 수다스러움을 관리하는 것일 수 있다. 어떤 노인은 연령에 의한 변화로서 방해자극을 통제하지 못해 의식의 흐름을 산만하게 함으로써 첫 회기를 힘들게 만든다. 이런 문제를 재치 있게 관리하는 것은 즉각적이면서 장기적인

동맹을 쌓는 데 중요하다. 이 장은 노인과의 첫 회기에서 발생할 잠재성이 있는 전이(아들 또는 딸?) 그리고 역전이(부모 또는 조부모?) 반응에 대한 논의로 끝맺는다.

제5장에서 나는 첫 회기를 위한 상담 전략에 관해 앞서 말한 모든 정보를 단계적으로 안내하며 함께 묶어 연결시킨다. 여기에서 인지상태와 상담과정의 관계를 논의하는데, 많은 노인에게서 보이는 작업기억 결핍을 보상할 필요가 있다. 또한 구조적 상담 대 비지시적 상담전략에 관해 고찰한다. 초기 회기에서 가족 성원을 관여시키는 것이 이 장에서 다시 언급된다.

제6장은 첫 회기 동안 얻은 정보로 보아 필요한 경우 하게 되는 위기개입을 다룬다. 당신의 내담자가 자동차처럼 조종되어서는 안 된다거나 일상생활의 활동에서 원조를 좀 더 받을 필요가 있다거나 자살충동이 있다는 징조가 있으면 개입이 일어날 수 있다.

제7장은 치료계획에 대한 의견과 경험적으로 지지되는 치료접근의 가치를 제시한다. 노인 내담자와의 작업을 위해 개발된 심리치료 모델인 성숙과 관련된 특수한 도전 모델(maturity-specific challenge model)을 소개한다. 나는 이 모델이 내담자를 위한 치료계획을 고려할 때 도움이 된다는 것을 알았다.

이 책은 앞 장들의 요점을 드러내는 사례연구로 끝을 맺는다. 이 사례들에는 내가 함께 작업했거나 나의 지도감독하에 훈련생이 상담했던 내담자가 섞여 있다.

이 책은 지역 거주 노인에 기초하여 외래 내담자와 심리치료를 하는 데 초점을 맞추고 있다. 이 자료의 많은 부분이 장기치료 환경에 적용될 수 있지만 내 경험으로는 외래 내담자와의 작업에서 지배적이었다.

나는 임상과학자이며 개업 임상가다. 내가 노인과 하는 작업은 연구결과에 의해 알려진 것이며, 나는 임상연구를 임상실제와 통합하는 것이 적합하다는 견해에 적극 찬성한다. 나는 이 책이 관련 연구결과와 나의 임상경험을 독자에게 전할 수 있는 도관으로 본다. 노인은 과학과 실제, 이 두 가지가 전해 줄 수 있는 것 중에 최상의 가치가 있다.

CHAPTER 1

노화심리학의 기초

이보게, 나와 함께 늙으세.
제일 좋은 것은 여전히 존재한다는 것일세.
— Robert Browning

노인은 젊은이와 두드러지게 다르기도 하고, 특별히 다르지 않기도 하다. 신체적 차이는 주름진 피부와 백발로 분명하다. 반면, 미묘한 차이는 노인이 갖기 쉬운 태도와 가치로 드러날 수 있다. 이 장에서 나는 당신이 노인과 첫 회기에 들어갈 때 알아야 할 중요한 몇 가지 영역에 집중할 것이다.

- 노화의 인구통계
- 노화의 다양성
- 건강
- 성격
- 정신건강의 인식
- 정신건강 치료의 인식
- 인지와 노화
- 성과 노화
- 감각변화
- 인생 후기의 발달

대중의 연령이 높아짐에 따라 치료전문가는 노년학적 전문지식을 가져야 할 필요가 있다. 노인과 첫 회기를 최적으로 이끌기 위해서 치료전문가는 일반적으로 노화에 대한 지식뿐 아니라 특별한 집단을 구성하는 노인에 대한 지식이 있어야 한다. 그러한 지식은 노인 집단에게 알려진 그 당시의 인생경험과 사건에 대해 배움으로써 촉진된다. 이런 사회적인 사건에 대한 지식은 제2차 세계대전 후에 자라고 훈련받은 치료전문가와 매우 다른 역사를 가진 내담자가 더 공감적으로 관계 맺도록 도와줄 수 있다.

노화의 인구통계

우리는 노화 사회에 살고 있다. 노인의 절대적 수와 상대적 비율 둘 다 증가하고 있다. 게다가 85세 이상은 급속하게 늘어나는 연령집단이다. 지금으로부터 그리 오래되지 않은 때만 해도 고령으로 산다는 것이 비교적 드문 일이었으니 이 얼마나 주목할 만한 일인가. 이런 변화가 얼마나 극적인가 하는 것은 그림 1.1에서 설명된다.

수명의 극적인 증가에 대한 이유 중에는 공중건강의 증진과 의료발전이 있다. 거기에는 앞으로 수십 년 내에 기대수명(보통사람이 살 것으로 기대하는 기간)과 수명(장수의 생물학적 한계)이 일치할 것이라고, 즉 많은 사람이 110~120세라는 생물학적 한계까지 살 것이라고 믿는 이유도 있다. 이것이 생존곡선의 '직사각형구조화'로 알려져 있다. 그림 1.2는 그래프 형태로 이런 경향을 보여 준다.

남녀 생존곡선이 동일하지 않다는 것은 주목할 만하다. 이는 성 기능으로서의 기대수명에서 잘 알려진 차이다. 여자는 성인 초기에 남자보다 더 오래 살기 시작하며 75세까지는 인구의 약 61%가 여성이고, 85세에는 인구의 70%가 여성이다.[1] 그림 1.3은 이런 경향을 그래프 이미지로 보여 준다. 이것이 의미하는 바는 당신의 노인 내담자의 대부분이 여성일 것이라는 점이다. 나는 나의 모든 내담자의 약 75%가 여성이라고 추정한다.

많은 사람이 대부분의 노인은 요양원 같은 공공시설에서 생활한다고

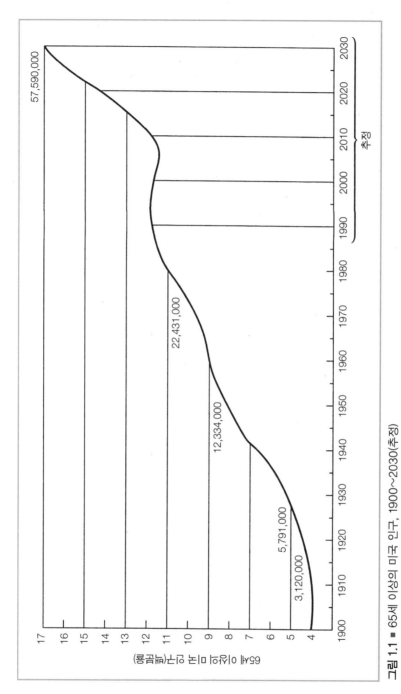

그림 1.1 ■ 65세 이상의 미국 인구, 1900~2030(추정)

출처 : U.S. Bureau of the Census, *Statistical Abstract of the United States*, Washington, D.C.: U.S. GPO. From J. Cavanaugh, *Adult Development and Aging* (2nd ed.). Copyright © 1993 by Brooks/Cole. Reprinted with permission of Global Rights Group.

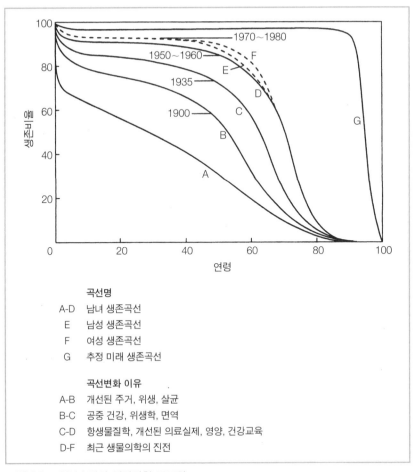

곡선명

A-D 남녀 생존곡선
E   남성 생존곡선
F   여성 생존곡선
G   추정 미래 생존곡선

곡선변화 이유

A-B 개선된 주거, 위생, 살균
B-C 공중 건강, 위생학, 면역
C-D 항생물질학, 개선된 의료실제, 영양, 건강교육
D-F 최근 생물의학의 진전

그림 1.2 ■ 인간수명의 직사각형 구조화

출처 : J. M. Rybash, P. A. Roodin, and W. J. Hoyer. *Adult Development and Aging* (3rd ed.). Copyright © 1995 by Brown and Benchmark. Reproduced with permission of The McGraw-Hill Companies.

주 : 이 그래프는 예로부터 현재까지 인간의 생존동향을 보여 준다. 곡선들은 지난 180년 동안 직사각형의 생존곡선에 빠르게 접근해 왔다는 것을 예증한다.

생각한다. 사실은 65세 이상인 사람 중에 놀랍게도 낮은 수치인 약 5%만이 공공시설에 거주한다. 그러나 85세 이상의 거의 25%가 공공시설에서 산다는 것을 볼 때 공공시설 수용비율은 연령과 관련이 있다.[2] 이는 몇

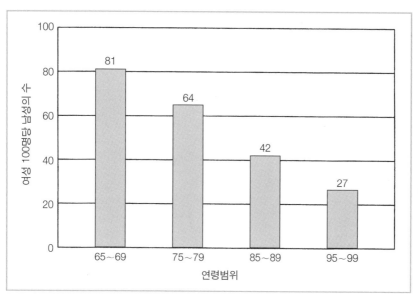

그림 1.3 ■ 연령으로 본 남성인구 비율

출처 : U.S. Bureau of the Census. *Marital status and Living Arrangements: March 1991*. Washington, D.C.: U.S. GPO, 1992. From D. E. Papalia, C. J. Camp, R. D. Feldan, *Adult Development and Aging*. Copyright © 1996 by McGraw-Hill. Reprinted with permission of The McGraw-Hill Companies.

주 : 연령이 높아지면서 여성 100명당 남성의 비율이 감소한다. 그 결과 여성노인은 남성노인보다 혼자 사는 경우가 더 많고 가족과 사회의 도움이 필요하다.

가지를 말해 준다. 첫째, 나이가 든다고 고정불변하게(그 시기의 대부분이 그렇지 않다) 요양원으로 가지는 않는다. 둘째, 이는 지역사회에서 행동건강치료 외래환자가 될 가능성이 있는 노인이 많다는 것을 의미한다. 또한 실제로 외래환자가 많아지고 있다. 마지막으로 많은 요양원과 은퇴편의시설은 정신건강 고문을 고용한다.

또 다른 일반적인 오해는 대부분의 노인은 혼자 산다는 것이다. 사실 이것은 지역거주 노인의 약 30%에게만 적용되고, 이 비율이 남자(16%)보다 여자(41%)에게 더 높다는 것은 놀라운 일이 아니다. 이는 당신이 내담자의 사회적 지지망 특징을 평가할 때 고려할 중요한 배경정보일 수 있다.

미국은 가까운 미래에 노인의 절대치와 비율이 최고조에 달할 것이고, 이는 행동건강 서비스를 제공하는 우리 같은 사람과 특별한 관련이 있다. 제2차 세계대전 직후에 태어난 거대한 집단인 베이비붐의 성숙은 주목할 만한 문화현상이 되어 왔고 앞으로도 그럴 것이다. 이 집단의 첫 시작에 속하는 사람은 지금 50세 이상이고 앞으로 50년 내에 베이비붐은 행동건강치료에 중요한 도전을 할 것이다.

예를 들어 우리는 우울을 재발하는 장애로 알고 있다. 베이비붐 시대에 태어난 사람은 그 이전 세대보다 이미 젊은 연령에 우울을 겪는 비율이 훨씬 더 높다는 것이 현재 증명되고 있는데, 이런 재발 양식은 그들이 노인이 되도록 계속될 것인가? 미국의 고령화가 발생하면서 임상가는 점점 노인을 심리치료 내담자로 생각하게 될 것이라고 말해도 무리가 없을 것 같다. 이는 준비된 사람에게 기회가 있음을 말해 준다.

노화의 다양성

노인이 모두 비슷하지 않다는 것은 말할 나위도 없지만 어쨌든 언급하겠다. 이렇게 동일하지 않음을 인식하는 유용한 방법은 '연소노인'(young-old, 65~75세), '고령노인'(old-old, 75~85세), '초고령 노인'(oldest-old, 85세 이상)이라는 용어로 분류하여 생각하는 것이다. 전형적인 노인에 대한 관념은 현실적이지 않아서 마치 신화와 같다. 결국 우리는 노인이라 언급하는 집단 내의 25~30년이라는 기간에 대해 이야기하고 있다.

이런 차이는 건강상태와 인지기능과 같은 넓은 영역에서 명백하게 나타날 뿐만 아니라 어느 시점에서 우세한 사회문화적 영향을 받는 가치, 생활양식의 선택, 기대 같은 더 미묘한 방식에서도 차이가 명백하다. 90세의 노인이 65세 노인보다 신체적으로 또 인지적으로 더 건강할 수 있다는 것도 사실이다. 사실상 노년학은 단지 '연령'이라는 숫자일 뿐인 역연령을 고려한다.[3] 생물학적 연령, 즉 중요한 신체기관 시스템의 생명력의 수치로 생각하는 것도 유용하다. 또 다른 것으로, 환경의 요구에 적응하게 하는 사고, 추리, 기억, 기타 고위피질 처리에 관여하는 능력인 심리적 연령이 있다. 기능연령은 끼니 준비, 자금관리, 목욕 같은 일상의 기본적인 과업과 고등 과업을 성공적으로 완수하는 능력을 일컫는다. 마지막으로 사회연령은 아버지, 은퇴자 또는 운동선수와 같은 우리가 하는 역할을 제시한다. 역연령 집단에 맞는 역할기대를 따르지 않는 사람은 주목할 만하다. 82세에 고성능 스포츠카를 운전하는 사람은 우리의 주의를 끌고 생각하게 만든다.

그래서 연령은 다차원적 구성개념이다. 연령, 창조성, 연령 프로파일의 다양한 차원에 걸쳐서 내담자를 생각하는 것이 도움이 된다. 당신이 알고 있는 비슷한 역연령의 노인 두서너 사람을 생각해 보아라. 나는 그들이 다른 프로파일을 가지고 있으리라 예언한다. 예를 들어 내가 함께 작업했던 78세 여성의 경우, 그녀는 매우 활동적이고 건강상태가 좋고 생물학적으로 60대의 나이였다. 그녀는 자유회상에서 어려움을 나타냄으로써 연령에 따른 기억변화를 보인다는 면에서 심리적 연령이 역연령에 가까웠다. 기능연령은 이를테면 50대였다. 관절에 긴장을 주거나 신체의 강인함을 요구하는 일 외에 일상생활의 기본적인 활동과 고등 활동에는 아무 문제가 없었다. 사회연령으로 본다면 그녀가 '더 젊다'고 말할 수 있다. 정말로 그녀의 친구는 대부분 이삼십 대였고 그녀의 가치관과 생활양식은 중년과 일치했다.

일부 노년학자는 노인은 생활양식(예를 들어 흡연)과 우연(자동차 사고) 같은 요인이 영향을 미칠 기회가 훨씬 많기 때문에 다른 연령 집단보다 노인들 사이에 이질성이 아주 크다고 제안한다. 달리 표현하면 (비록 유치원 교사는 생각이 다를지 모르지만!) 5세 집단보다 70세 집단에 불일치가 더 많다.

또한 우리는 다중문화 사회에 살고 있다. 그래서 80세의 제2세대 아시아계 미국인 여자는 80세의 제5세대 유럽계 미국인 여자와는 아주 다른 가치, 신념, 경험을 가지고 있다. 연령에 관련된 민감성뿐만 아니라 문화적 민감성도 노인과 효과적으로 작업하기 위해 꼭 필요하다. 예를 들어 조부모가 손자손녀까지 양육하는 것은, 특히 아프리카계 미국인 가족 사이에서는 드문 일이 아니다.

이는 일반적으로 노인에 관한 이 책의 어떤 부분이 어떤 특별한 노인에게는 틀릴 수 있다는 것을 말한다. 이 점 양해 바란다.

건강

건강은 당신이 노인을 고려할 때 다소 놀라게 되는 영역이다. 대부분의 노인은 아마 정형외과적 문제, 고혈압, 관절염, 백내장 같은 만성병이 적어도 하나 이상 있다. 그런 건강문제가 없는 노인 내담자는 아주 소수만 본 기억이 나고, 사실 대부분은 복합적인 상태다. 그러나 조사 자료에 의하면 지역거주 노인의 약 70%가 자신의 건강을 '아주 양호하다' 로 기술한다고 한다.[4] 비록 연소노인(약 10%가 도움을 필요로 하지 않는다)에서 초고령 노인(약 50%)까지 상당히 다르기는 하지만 위의 내용과 일치하게도 대부분의 노인은 일상 활동에 도움이 필요하지 않다.[5] 노인이 주요한 제약 없이 건강문제에 적응하여 고령으로 가는 경향이 나타나고 있다. 노인 내담자는 당신에게 만성적인 건강상태의 결과에 대해 가르쳐 주고, 더 중요한 것은 만성적인 건강상태에서 독립을 유지하기 위해 사용하는 보상과정에 대해 많이 가르쳐 준다. 예를 들어 시력이 극도로 약해서 TV, 읽을거리, 약물 같은 것이 확대 디자인된 것을 가지고 있는 노인 내담자를 나는 기억한다. 그녀는 집안을 부드럽게 돌아다닐 수 있고 항상 가까이에 확대한 것이 있도록 물건들을 배치해 두었다. 재치 있는 할머니!

성격

성격은 일생 동안 변하는가? 이 질문은 관련 연구를 많이 하도록 자극했다. 나는 이 논의를 이끌어 가기 위해 'big 5'로 알려진 성격의 5요인 모델을 사용할 것이다. 왜냐하면 그것이 노년학 연구에서 널리 적용되어 왔기 때문이다. 다섯 요인은 아래와 같다.

1. 신경증적 성향
2. 외향성
3. 경험에 대한 개방성
4. 우호성
5. 성실성

요컨대 신경증적 성향은 분노, 적개심, 비판에 대한 민감성, 죄의식 같은 것이다. 외향성은 주장, 감각추구, 상냥함으로 특징지어진다. 경험에 대한 개방성은 하고자 하는 의지, 풍부한 상상력, 현상에 대한 궁금증으로 기술될 수 있다. 성실한 사람은 의무를 다하고 자제력 있고 규율이 있다. 마지막으로 우호성은 사람을 믿고 겸손하고 솔직한 사람을 말한다. Costa와 McCrae는 10대 후반의 청소년기부터 초고령 연령에 이르기까지 수천 명의 지원자를 대상으로 정교한 방법론을 이용한 결과 성인기 전반에 걸쳐 이런 성격 차원이 주목할 만하게 안정적으로 나타난다는 것을 발견했다.[6] 그들은 21세와 30세 사이에 성격이 최종 형태에 이르게 된다고 결론 내렸다. 그래서 현재 당신의 모습은 적어도 big 5에 관련해서는 아마 앞으로도 그럴 것이다. 일부에서는 이런 광범위한 특성이 더 미묘한 변화를 감춰 버릴지 모른다고 주장했다. 이런 비평에 대해 변화로 보이는 것은 사실상 경험에 대한 개방성 같은 안정적인 경향 때문일 수 있다는 반박이 있어 왔다.

그럼에도 불구하고 일부 성격 차원이 성인 후기에 변할지도 모른다는 것이 그럴 듯하게 보인다. 3천여 명의 노인을 대상으로 한 훨씬 더 집중적인 연구에서 7년이 넘도록 변화가 거의 없었음을 발견했다.[7] 재미있게도 이 연구자는 오늘날의 노인은 이전의 노인보다 덜 엄격하고 사회적으로 책임감이 덜해 보이는 것 같다는 차이를 발견했다. 종합해 본다면 이런 결과는 성격이 개인수준에서는 거의 변화가 없고(성인기 초기의 정신적 동요를 경험한 후에), 세대 간 비교에서는 변화가 분명하다는 것을 말해 준다.

노인과 작업할 때 당신은 성격이 하나의 패턴으로 일생 동안 기능하는 것을 목격하게 될 것 같다. 현재의 모습은 아마도 지금껏 그래 왔던 모습이다. 그럼에도 불구하고 특정 집단이나 세대차가 존재하기 때문에 문화라는 것이 중요하다. 오늘날의 70세는 2015년의 70세와는 매우 다른 사회화를 경험한다. 예를 들어 현대의 노인은 전반적으로 1910~1940년에 태어나서 자랐다. 그 시기의 역사적 사건과 문화적 시대정신에 대한 인식이 노인과의 상담 작업에 정보를 줄 수 있다. 이런 민감성이 상담을 더욱 유능하게 수행할 수 있도록 한다는 가정은 타당하다. 아래에 사건과 사회화 영향의 예가 있다.

- 제1차 세계대전
- 제2차 세계대전
- 주식시장의 붕괴와 세계 대공황
- 금주법
- 인종차별
- 시골에서 도시로 이동

예를 들어 아프리카계 미국노인, 특히 내가 살고 있는 남부의 노인은 격리의 효과를 일깨운다. 분리된 교육시설, 선거권에 대한 제한, 자치경찰단원의 정의(正義)에 대한 이야기는 고통스러운 기억거리다.

이것이 당신이 노인 내담자와 작업할 때 역사를 아는 것이 중요한 이유다. 당신 앞에 있는 사람은 성인 초기의 사회문화적 영향의 산물이다. 이는 또한 성격변화를 노화의 결과라고 가정할 수 없다는 것을 의미하기도 한다. 상담자가 첫 회기에 성격변화를 듣게 된다면 그런 변화를 설명할 다른 이유를 찾아야 한다.

정신건강의 인식

사람이 정신건강을 어떻게 이해하고 경험하는가 하는 것에는 차이가 있다. 가장 두드러진 것은 문화에 따른 차이다. 예를 하나 든다면 자살 행위에 대한 의미와 전례는 문화에 따라 아주 다양하다. 이와 유사하게 미국인 중에도 세대 간에 정신건강의 인식과 표현에 차이가 존재한다. 이를 설명하는 몇 가지 방법이 있다. 세대차를 보는 한 가지 방법은 정신장애가 퍼지는 것에 대한 유행병학적 자료를 조사하는 것이다. 일부 조사 결과에 당신은 놀랄지 모른다. 전형적인 유행병 집수(集水) 지역 연구에서 60세 이상 되는 사람이 일관되게 어떤 다른 집단보다 낮은 정신장애를 보고했다.[8] 노인 사이에서 흔하다고 배운 주요 우울 같은 장애들이 포함되었다. 어떻게 이럴 수 있을까? 노인이 경험한 손실과 쇠퇴 때문일까?

이런 조사결과는 몇 가지로 그럴듯하게 설명할 수 있다.

- 고령에 살아남은 강건한 사람은 정신건강 문제를 덜 나타내는 것 같다.
- 교회, 학교, 가족의 보상적이고 지지적인 영향이 최근 수년 동안 감소하여 젊은 집단이 정신건강 문제를 더 경험한다.
- 매체(영화, TV, 음악)에서의 물질남용과 폭력 같은 탈(脫)억제 영향의 증가는 오늘날의 젊은 세대에서 정신병리가 더 많이 나타나는 데 이바지했다.
- 노인은 실제로 심리적 고통의 증상이 있을 때 에너지 손실이나 두통 같은 증상을 신체적인 건강 문제 탓으로 돌릴지 모른다.

낮은 비율에 대한 또 다른 설명은 내가 '코호트 스토아주의(cohort sto-icism)'라 부르는 것이다. 이는 오늘날의 많은 노인이 표명하는 불굴의 정신, 즉 혼자 해 나가는 것이다. 나는 심리치료 내담자에게서 이런 경우를 많이 보았고 지역사회의 노인 사이에서는 훨씬 더 많았다. 나는 건강문제 목록이 당신의 팔 길이만큼 길고 늘 아프고 만성적으로 피로한 노인과 작업한 기억이 난다. 그러나 만약 당신이 그에게 어떠시냐고 묻는다면 그는 "좋아요."라고 말할 것이다. 당신이 그에게 간청할 때에만 "별로 좋지 않고요, 더 이상 재미있는 일이 없어요."라고 인정할 것이다.

결론을 말하자면 노인은 정신건강 서비스를 덜 사용할지 모른다는 것이다. 특히 심리치료에 관련해서는 증상과 걱정을 덜 보고할 수 있다. 만성적인 건강상태와 앞서 언급한 자기평가 건강 간의 불일치를 기억하는가? 그것은 이런 스토아주의와 매우 일치된다.

이런 경향에 민감한 것은 노인과의 첫 회기에서 중요하다. 노인은 자신이 경험하고 있는 신체적, 정신적 고통의 정도를 최소화할지 모른다. 첫 회기에 시작되는 치료동맹을 발전시키는 것은 이런 스토아주의를 적응적으로 줄이는 것을 촉진한다. 이런 주제는 제시문제에 대한 제2장과 동맹에 관한 제4장에서 다시 살펴보겠다.

정신건강치료의 인식

정신건강의 유행과 보고에 연령차이가 있듯이 정신건강치료의 인식에도 차이가 있다. 현대의 많은 노인은 정신건강치료란 본래 심각한 정신건강 문제를 지닌 사람을 위한 것이라고 사회화되었다. 나는 내가 본 노인환자의 태도에서 이런 사고가 남아 있음을 관찰한다. 그들은 단지 미약한 분노와 우울장애를 보일 때도 종종 자신이 미치지 않았나 생각한다. 정신 건강치료를 받으려 하거나 의뢰되는 것은 자기 힘으로 완전히 관리할 수 없다는 명백한 증거라고 인식하는 것이 진짜 문제라고 생각한다. 그렇게 할 수 없다는 것은 매우 독립적인 많은 노인에게는 나약함의 신호다.

노인은 심리치료에 대해 부정적인 믿음을 갖고 있다. '나는 변화하거나 새로운 방법을 배우기엔 너무 늙었어.' 라든가 '나는 내 감정에 대해 말해 본 적이 없어.' 라든가 '내 상황은 희망이 없고 점점 나빠지고 있어.' 라는 생각은 치료를 시작하거나 계속하는 것을 방해한다.

나는 작업할 때 충분한 시간을 갖고 정신장애의 유행에 대한 정보를 제공하고 유사한 경험을 한 사람에 대한 일화를 들려 주고 장애의 원인 형성에 대해 말한다. 예를 들어 경미한 우반구 뇌졸중을 경험한 후 자기와 아주 친했던 언니를 갑자기 잃어버린 87세의 노인 내담자를 상상해 보아라. 나는 경도의 우울한 내담자에게 우울 증상은 그 연령의 여자에게 가장 흔히 나타나는 문제이고, 나는 개인적으로 유사한 증상을 가진 많은 사람과 작업했고, 그녀의 문제는 필시 언니의 죽음과 뇌졸중의 결과라고 말할 것이다. 그녀는 미치지도 나약하지도 않다. 이러한 정보는 품위를 유지하는 데 크게 효과가 있다. 즉 사기가 꺾인 내담자에게 부족한 유용한 물건이 되는 것이다. 당신이 노인과 처음 만날 때 자신이 이상하거나 미친 것이 아니며 그 문제로 도움을 구하는 것을 부끄러워할 필요가 없다는 것을 알도록 도와주는 것은 시간을 잘 활용하는 것이다.

노인은 또한 심리치료를 '단지 이야기하는 것' 으로 보는 경향이 있을 수 있다. 노인은 의사와 검안사처럼 좀 더 직접적이고 지시적으로 건강 관리를 해 주는 데 익숙해 있다. 그들은 "단지 누군가에게 이야기하는 것이 어떻게 나를 도울 수 있단 말이지?'라고 묻는다. 다시 말하지만 나의 전략은 심리치료의 효과에 대한 정보를 제공하는 것이다. 나는 또한 심리사회적 개입이 약하고 두서없다는 가정을 반격하는 노력으로 내가 사용하는 치료프로토콜의 구조를 내담자들과 공유한다. 예를 들어 범불안 장애라는 일차 진단을 받은 내담자를 위해 나는 노인 불안치료의 효력을 지지하는 연구결과를 제시한다.[9] 또 내가 아마 사용하게 될 치료접근을 간략하게 개관해 준다. 나의 메시지는 단지 Scogin 박사의 경험에 의한 육감을 따르는 것이 아니라 우리는 변화를 일으키는 자료를 가지고 있고 그 계획을 따를 것이라는 것이다. 나는 노인이 이런 정보와 정보제시에 아주 수용적이라는 것을 발견했다.

....
인지와 노화

심리치료의 첫 회기에 관련하여 노화심리학의 기초를 이야기하면서 성인 후기의 인지변화와 안정성에 대한 논의를 하지 않을 수 없다. 인지와 기억은 심리치료 과정에 중요한 영향을 미치고 노인과의 작업에서 주요한 차이를 보이게 된다.

치매

거의 모든 노인은 연령과 연관된 인지변화를 경험한다. 어떤 사람에게는 그 변화가 알츠하이머와 같은 점진적인 신경퇴행성 질환의 전조다. 치매에는 혈관성 치매, 루이 소체 치매, 물질유도지속성치매를 포함하여 몇 가지 유형이 있다. 알츠하이머는 치매 중에 가장 많은 형태다(50~65%).

초기 단계에 알츠하이머병(AD : Alzheimer's disease)은 정상적으로 연령에 관련된 변화와 거의 알아챌 수 없을 정도다. 이것이 노인이 기억 실수를 경험할 때 매우 염려하는 이유 중의 하나다.

이것이 의미하는 바를 노인이나 그 문제에 관련된 사람은 어떻게 알 수 있는가? 65세 이상 노인의 약 5%가 AD로 고통 받고, 85세 이상에서는 발병률이 급격히 증가한다(보고 자료에 따르면 15~50%). 그래서 AD는 분명히 연령과 관련된 장애다. AD가 과거 30년 동안 흥미 있는 화제가 된 이유 중의 하나는 그 장애가 밝혀지기에 충분할 만큼 오래 살고 있는 사람이 최근에 많기 때문이다. AD를 체험하고 있는 사람과 전문적으로 작업하거나 그들을 돌본 적이 있는 사람은 그 병이 파괴적이라는 것을 안다. 추리와 지능 같은 고등피질기능의 상실로 시작하여 병은 점점 신체기능의 통제능력을 손상시키고 결국 죽음에 이르게 한다. 설상가상으로 대개의 경우 이 질병으로 인한 황폐는 8~10년 이상 전개된다.

노인과 작업하는 임상가로서 당신은 치매와 관련된 문제에 직면하게 될 것이다. 여기에 AD를 정상적인 노화와 구별하기 위해 찾아야 할 신호가 몇 가지 있다.

- 이웃에서 길 잃기 대 새로운 환경에서 길 잃기
- 적절치 않은 장소에 물건 두기(양말 서랍 안의 지불 청구서) 대 단순히 물건 잘못 두기
- 자주 해 오던 식사 준비를 할 수 없음 대 새로운 식사 메뉴를 준비하는 것과 같은 복잡한 일을 할 수 없음

공식적인 평가가 필요한 이러한 경고성 증후는 제2장에서 다룬다.

연령에 따른 인지 변화

외래 내담자를 심리치료 할 때 첫 회기에 당신이 보는 노인 내담자의 대부분은 노화에 따른 인지변화를 경험하고 있다. 이런 변화는 "내 기억력이 예전 같지 않아."라는 말로 대표된다. 그들의 말은 필시 맞고, 그 변화는 당신의 첫 회기 작업과 뚜렷한 관련이 있다. 예를 들어 당신은 연령에 따르는 변화와 치매를 구분하는 것에 대해 정보를 공유함으로써 많은 내담자를 안심시킬 수 있다.

정상적으로 연령에 관련된 변화는 우선 단기기억이나 작업기억에서 일어난다. 이런 기억력 감소는 최근에 학습한 정보를 회상하기(어젯밤 뉴스가 무엇이었는지 기억하려는 것), 복잡하거나 분리된 활동에 주의를 기울이기(당신이 신문을 읽고 있는 동안 누군가가 당신에게 말한 것을 기억하려는 것), 질문이나 요구에 빨리 반응하기와 같은 인지적 노력을 요하는 과업에서 현저하게 나타난다.[10] 노인은 거의 모든 인지적 과업을 젊은이보다 더 느리게 수행한다.

그 반면 먼 옛날의 기억(당신이 자랄 때 가장 친한 친구의 이름), 이전에 학습하고 숙달된 지식에 대한 기억(1야드는 몇 피트인가?), 어휘('톱니모양'의 정의) 같은 기억 기능의 양상은 성인 후기에 거의 쇠퇴하지 않거나 심지어 증가하기도 한다. 이런 지식활동의 축적을 일부 노년학자는 '결정 지능(crystalized intelligence)'이라 불러 왔다.[11] 결정 지능에서 쇠퇴가 일어나기 시작할 때 치매의 의심이 생긴다.

전형적인 심리치료는 진행이 빠르고 추상적이고 주의를 요하는 활동이다. 이것이 바로 정상적으로 기능하는 노인에게 가장 큰 문제가 된다. 최근에 학습한 정보의 빠른 회상을 덜 강조하고 더 느리게 진행하고 학습과 회상을 원조하기 위해 기억을 돕는 것은 보상전략이다. 이 주제는 상담 전략에 관한 제5장에서 더 다루겠다.

  인지와 노화에 대한 지식을 갖추는 것도 좋은 생각이다. 왜냐하면 일부 노인 내담자는 자신의 기억력이 향상되도록 도와 달라고 하기 때문이다. 내가 보아 온 내담자 중에는 기억에 대한 호소를 하는 경우가 비교적 많았다. 그것이 종종 주요한 호소는 아니지만 뭔가에 기여하는 요인인 경우는 자주 있다. 나는 어느 노인이 기억문제에 대해 자기보고를 했는데, 그 결과가 거의 광장공포증으로 드러난 사례를 지도감독 했던 기억이 난다. 그는 길을 잃거나 주차한 곳을 잊을까 염려했다. 기억훈련은 치매가 아닌 노인 사이에서 객관적인[12] 그리고 주관적인[13] 기억 기능을 증진시킬 수 있다는 것이 연구에 의해 증명되었다.

  객관적인 기억기능은 이름을 기억하거나 목록의 단어를 회상하거나 흐린 날에 우산을 가져가는 것을 상기하는 것과 같은 실험과제 또는 일상의 기억과제의 수행에 관계된다. 주관적인 기억기능은 자기의 기능이 얼마나 좋은지 믿는 것이다. 예를 들어 내가 당신에게 얼마나 자주 기억 때문에 문제가 생기는지 또는 기억 착오가 얼마나 심각한지 물을 때 나는 주관적인 기능을 평가하고 있는 것이다. 대부분의 기억훈련 프로그램은 기억술, 교육, 물리적 단서의 사용, 이완훈련을 포함한다. 재미있게도 주관적인 기억기능보다 객관적인 기억기능이 기억훈련을 통해 더 증진된다. 첫 회기에 내담자가 기억에 관한 관심을 보일 때 그 본질과 치료에 대해 지적으로 말할 수 있다면 노인 내담자와 동맹을 더 굳건히 쌓을 수 있다.

지각변화

지각결함은 노인과의 첫 회기에서 더 많은 도전을 제시하는 인지결함과 단순하게 상호작용할 수 있다. 청력과 시력기능의 감소는 연령과 관련이 있고 극단적인 경우에는 상담의 흐름을 방해할 수 있다. 75세까지 인구의 약 3/4은 청각적 어려움을 경험한다.[14] 높은 음조의 소리를 듣지 못하는 것(노인성 난청)이 가장 크다. 최근 나에게 이런 예가 있었다. 우리의 우울 연구 중 하나에 참여한 여성노인이 남자 상담자를 요구했다. 왜냐하면 그녀는 여자의 말을 듣는 데 문제가 더 있기 때문이었다. 나의 접근법은 어떨까? 나는 정말 천천히 또 천천히 말한다. 큰 소리로 묻는다고 공감이 더 잘 되거나 더 잘 들을 수 있는 것은 아니다.

시각적 어려움도 첫 회기에 고려해야 할 요인이다. 깊이지각 문제는 눈부신 빛에 대한 민감성을 증가시켰고, 연령에 따른 쇠퇴로 인해 관찰되는 시각문제 중에는 주변시야가 축소되는 것이 있다. 노인과의 첫 회기 동안 이러한 시각변화로 파생되는 몇 가지 문제가 있다. 최우선적이고 기본적인 것은 내담자가 당신의 사무실로 오는 것이다. 노인은 어둠 속에 운전해서 상담해야 하는 회기는 피하는 것이 더 좋다고 표현한다. 교통이 덜 복잡하고 빛이 더 강한 한낮의 회기가 작업하기에 가장 좋아 보인다. 그러나 일단 사무실에 온다 해도 행간 여백 없이 10포인트 활자로 세 페이지에 타이핑된 내담자 작성용 양식은 문제를 일으킬 수 있다. 만약 양식이나 질문지가 번질번질한 종이에 인쇄된 것이면 문제가 더 커진다.[15] 번질거리지 않는 종이에 크게(거대한 것이 아니라) 인쇄해서 밝은 조명 아래에서 작성하도록 하는 것이 시각적인 어려움을 보상하기 위해 조건을 최대한 활용하는 것이다.

일부 노인 내담자는 안과 질환도 보일 것이다. 독서나 TV 시청을 하려면 세부적인 것을 미세하게 구분하는 것이 필요한데, 망막 중앙에 있는 수용세포가 상실되는 망막의 황반변성이 이를 어렵게 한다. 나는 망막의 황반변성을 경험하고 있는 노인 내담자와 작업했던 일을 회상한다. 뭔가에 초점을 맞춰 보아라. 자, 초점을 맞춘 것의 주변 시야에서 당신이 보는 것이 그들이 보는 전부와 비슷하다. 흐릿하고 초점이 맞지 않는 시각장이다. 나의 내담자는 이런 병리 때문에 기능적으로 보지 못했다(75세 이상의 성인 5명 중 한 명꼴).[16] 그녀는 결코 나를 선명하게 보지 못했지만 내가 그녀 옆에 앉으면 어떤 이미지는 만들 수 있었다.

백내장과 녹내장은 시각기능을 방해할 수 있는 병리이고 노인에게 비교적 일반적이다. 대부분의 노인에게 눈의 렌즈상의 불투명한 영역인 백내장이 나타난다. 그 결과 망막에 빛이 덜 통과하기 때문에 시야가 흐리게 된다. 안구 내의 압력이 높아진 녹내장은 80세 이상의 노인 중 약 14%에 영향을 미친다.[17] 이런 두 가지 장애는 정상적인 노화의 하나인 시각변화를 만들어 낸다. 이런 질병이 있는 내담자는 앞서 언급한 방침에 따라 더 적응할 필요가 있다. 예를 들어 시각적 손상으로 인해 당신이 얼굴 표정으로 관심을 표현하고 앞으로 몸을 기울이는 자세로 흥미를 나타내는 것을 보지 못하는 노인에게, 공감을 전달하는 방법으로 접촉이 사용될 수 있다.

그러나 분명히 해 두자. 이런 지각의 어려움은 성공적인 상담을 위해 이겨내기 힘든 장애가 아니라 대처해야 할 도전일 뿐이다. 노인에게 흔히 발생하는 변화에 대해 안다면 내가 하는 대부분의 제안은 상식적이다. 이런 도전에 대처하고 동맹을 맺을 때 상담은 노인과 작업하는 특권일 뿐만 아니라 이런 어려움 때문에 회피당하는 경향이 있는 내담자가 깊이 감사하기 때문에 극히 만족스럽다.

노화와 성

당신은 71~75세의 노인 중 약 45%, 66~70세의 약 55%가 지난달에 적어도 한 번은 성교했다고 보고한 사실을 알고 있는가? 같은 조사에서 성적으로 적극적인 사람 사이에서는 월 성교 빈도수가 66~70세에 약 4.5회, 71~75세에는 3.5회로 나타났다.[18] 내가 이 자료를 젊은 학생에게 제시하면 깜짝 놀란다. 나는 노년기의 성에 대한 당신의 예상이 수정되었길 바란다. 인생에서 많은 것이 그렇듯이 젊어서 성적으로 적극적인 사람은 나이가 들어서도 적극성을 유지하는 것 같다.[19] 최근 비아그라(Viagra)로 알려진 약물 sildenafil citrate의 개발은 노화와 성의 전망을 변화시켰다. 약속대로라면 이런 종류의 약물로 인해 더 많은 남성과 여성이 이전보다 성적 적극성을 띠게 될지 모른다. 그래서 노인이 성적으로 활발하지 않다고 예상하지 마라.

성기능에서의 일부 변화는 연령과 연관된다. 예를 들어 남자는 음경이 덜 단단하게 발기하고 오래 유지되지 못하며 사정의 양이 줄어든다. 여자의 경우에는 에스트로겐 수준의 감소로 질 벽의 탄력이 덜하고 질 내 애액이 덜하다. 그러나 친밀함은 애무, 신체적인 근접, 정서적인 공유 같은 다른 방법으로 표현될 수 있다. 일부 내담자와 상담자에게는 불편하다 하더라도 성과 친밀함에 대한 논의는 다른 연령대보다 노인 내담자에게 덜 중요하지 않다. 이는 성적인 욕구가 노인에게도 지속되기 때문이다.

인생후기 발달

노화심리학의 기초를 마무리하면서 나는 성인 후기의 심리사회적 발달 문제를 다루고 싶다. 나는 종종 발달의 구조 내에서 노인 내담자의 문제를 개념화하는 것이 유용하다는 것을 발견했다. Levinson과 Loevinger의 이론을 포함하여 노인에 관련된 많은 발달이론이 가정되었다.[20] 내 작업에서 가장 유용한 이론은 Erikson의 이론이다.[21] 당신도 알다시피 Erikson의 '인간의 8단계'는 우리가 특수한 주제와 연관된 도전을 통해 나아간다고 제안한다. 상기하기 위해 여기 8단계를 제시한다.

1. 신뢰감 대 불신감
2. 자율성 대 수치심과 의심
3. 주도성 대 죄책감
4. 근면성 대 열등감
5. 정체감 대 정체감 혼돈
6. 친밀감 대 고립감
7. 생산성 대 침체감
8. 통합감 대 절망감

예를 들어 성인 초기에는 친밀감의 문제가 우세한 주제이다. Erikson 이론의 일반적인 오해는, 각 단계는 그 단계와 가장 관련된 연령이 지나면 그 연령의 근본적인 문제(예컨대 친밀감)가 해결된다는 것이다. 그보다는 개인은 주어진 시기에 이런 다양한 문제를 동시에 다룬다. 달리 말하면 단계는 '지나가는' 것이 아니라 일생에 걸쳐 다시 찾아온다. 예를 들면 인생의 초기에 성숙한 친밀감을 정립하는 데 어려움이 있으면 절망감은 말할 것도 없고 성인 후기에 고립감에 취약하게 된다.

생애이론의 여덟 번째 단계는 노인의 주요한 심리사회적 과업(자아통합감 대 절망감)과 연관된다. 이 과업은 생애접근의 마지막으로서 더 애통함을 느끼게 되는 계속적인 도전이다. 본질적으로 그 문제는 한 사람의 일생을 점검하고 보람이 있었는지를 결정하는 것이다. 종종 생애점검이라고 불리는 이 과정에서는 인생의 역사를 회상하고 공유하게 된다. 자아통합은 인생을 잘 살았다고 받아들이는 태도다. 여기 Erikson의 설득력 있는 말이 있다. "그러면 의미 있는 노년이란… 라이프 사이클에 대한 필수불가결한 시각을 통합할 필요성이 있다. 강인함은 우리가 지혜라고 부르는, 죽음을 맞아야 하는 삶에 초연하지만 적극적인 관심이라는 형태를 띤다… 개인의 깊고 궁극적인 관심이 개인을 어떻게 이끌어 가든 심리사회적 창조물로서 인간은 인간의 삶의 종말을 향해 나아가면서 우리가 '나는 나를 살아남게 하는 것이다.'라는 말로 진술할 수 있는 새로운 정체위기에 직면할 것이다."[22]

내 경험으로는 자아통합 대 절망이라는 말로 내담자의 문제(와 성공)의 틀을 잡는 것이 도움이 된다. 나는 최근에 은퇴한 전기 기사와 작업했다. 다른 모든 점에서는 행복한 이 기혼자는 일생을 사회공포증으로 괴로워했다. 그가 첫 회기에 그 문제의 내력을 자세히 이야기할 때 나는 그가 장애의 결과로 경험했던 잃어버린 기회에 대한 기분을 느끼기 시작했다. 아주 종교적인 사람인 그는 주일학교 수업시간에 그리고 교회에서 봉사하는 동안 수줍음의 공포 때문에 털어놓고 말하기를 회피한 것을 후회했다. 그는 자기의 신념을 공유하지 않음으로써 자신이(그리고 신이) 실망하도록 내버려 둔 것처럼 느꼈다. 이 내담자는 내가 깊은 절망이라고 부르는 상태는 아니었다. 그러나 여생 동안 자녀와 손자손녀에게 역할모델이 되고 싶다는 것은 분명했다. 나는 일곱 달 동안 이완과 인지 대처전략에 대해 그와 작업했고 그의 장애뿐만 아니라 통합감도 현저히 개선되었음을 경험했다.

당신이 노인을 첫 회기에 볼 때 이와 비슷한 문제를 듣는 것을 예상할 수 있다. 문제를 발달모델 내에서 개념화하는 것은 당신과 내담자에게 도움이 될 수 있다. 나는 이것이 특히 과거 행동(예컨대 부적절한 육아)에 죄의식이 있는 내담자에게 효과가 있다는 것을 알았고 일어난 사건을 변화시키기 위해 그들이 할 수 있는 것은 아무것도 없다는 것을 깨달았다. 나는 현저히 우울한 노인을 치료하고 감독한다. 이런 내담자는 꽤 자주 완전무결한 상태로 미래를 직면하려는 노력으로 과거를 수정하기 위해 투쟁하게 될 것이 거의 명백하다. 사람은 과거에 근거하는 의미를 변화시키기 위해 많은 것을 할 수 있다. 첫 회기를 생산적으로 시작한다면 심리치료는 그렇게 하기 위한 하나의 수단이 된다.

그 밖의 논제

노화심리학의 기초에서 논의될 수 있는 것은 많다. 당신은 노인과의 첫 회기에서 죽음과 사별에 대해 생각하기를 원할 것이다. 나는 배우자나 성인자녀의 상실이, 넘어져서 엉덩이를 다치는 것과 같은 심각한 의료적 위기가 뒤따르는 일처럼 급격히 쇠퇴를 촉진시키는 것을 보았다. 첫 회기에 상실에 대해 묻는 것은 좋은 생각이다. 왜냐하면 어떤 노인은 그 충격을 알지 못할 수도 있기 때문이다.

또한 당신은 작업을 하면서 간호, 은퇴, 지혜(내가 좋아하는) 등과 같은 주제에 대해 뭔가 알게 됨으로써 이득이 있다. 지혜가 심리치료의 첫 회기와 어떻게 관련될까(당신은 현명하게 묻는다)? 왜냐하면 신체능력의 쇠퇴, 상실, 치매의 위협 속에서 지혜는 종종 풍부하게 있기 때문이다. Smith와 Baltes는 지혜를 '인간발달과 인생문제에 대한 예외적인 통찰, 어려운 인생문제에 대한 예외적으로 좋은 판단, 충고, 논평'이라고 정의한다.[23] 재치 있는 한 연구에서 젊은 사람에게 영향을 주는 시나리오에 대해 조언과 견해를 제공하라고 요구했을 때 노인과 젊은이가 크게 다르지 않았다. 그러나 노인에 관련된 시나리오에 반응할 때 노인이 더 현명했다.[24] 많은 노인 내담자는 내가 보답하고 싶은 지혜를 나와 공유했다. 당신도 그럴 것이다.

이 책의 끝부분에 나는 노년학의 배경을 더 알고 싶어 하는 사람에게 도움이 되는 읽을거리를 부가적으로 소개한다. 제1장의 본 내용은 내가 사의를 표하고 싶은 노년심리학 동료가 쓴 교과서에서 추출했다.[25] 나는 노인에 대한 기초연구에서 얻는 견실한 지식이 노인과 작업하는 사람에게 큰 이점이 있다는 것을 굳게 믿는다.

노년학은 의학과 행동과학의 중요하고 새로운 발견으로 된 신흥 연구 분야다. 만약 당신이 노인과 작업할 계획이라면 첨단으로 해야 한다. 대학 4학년 수준의 좋은 교과서를 보거나 수준급의 저널을 정독하는 것은 좋은 시작일 수 있다. 연차총회와 협의회에서 노인의 심리치료에 적합한 교육기회를 계속 제공하는 것이 일반화되고 있다. 마지막으로 당신의 내담자가 당신을 가르치도록 하라. 그들은 경험이 있다.

이제 제2장의 주제인 의뢰와 내담자 문제의 제시를 시작으로 배워 보자.

각주

1. Rybash, J. M., Roodin, P. A., and Hoyer, W. J. *Adult Development and Aging*. (3rd ed.). Madison, Wis.: Brown and Benchmark, 1995.

2. American Association of Retired Persons (AARP). *A Profile of Older Americans*. Washington, D.C.: AARP, 1994.

3. Birren, J. E., and Birren, B. A. "The Concepts, Models, and History of the Psychology of Aging." In J. E. Birren and K. W. Schaie (eds.), Handbook of the Psychology of Aging. (3rd ed.). San Diego: Academic Press, 1990.

4. AARP (1994).

5. Bureau of the Census. *Sixty-Five Plus in America*. Washington, D.C.: U.S. Government Printing Office, 1995.

6. Costa, P.T., and McCrae, R. R. "Set Like Plaster? Evidence for the Stability of Adult Personality." In T. F. Heatherington and J. L. Weinberger (eds.), *Can Personality Change?* Washington, D.C.: American Psychological Association, 1994.

7. Schaie, K. W., and Willis, S. L. "Adult Personality and Psychomotor Performance: Cross-Sectional and Longitudinal Analysis." *Journal of Gerontology: Psychological Sciences*, 1991, 46, 275-284.

8. Robins, L. N., and others. Lifetime prevalence of specific psychiatric disorders in three sites. *Archives of General Psychiatry*, 1984, 41, 949-958.

9. Stanley, M. A., Beck, J. G., and Glassco, J. D. "Generalized Anxiety in Older Adults: Treatment with Cognitive Behavioral and Supportive Approaches. *Behavior Therapy*, 1997, 27, 565-581; Scogin, F., and other. "Progressive and Imaginal Relaxation Training for Elderly Persons with Subjective Anxiety." *Psychology and Aging*, 1992, 7, 418-424.

10. Papalia, D. E., Camp, C. J., and Feldman, R. D. *Adult Development*

and Aging. New York: McGraw-Hill, 1996.

11. Horn, J. L. "The Theory of Fluid and Crystalized Intelligence in Relation to Concepts of Cognitive Psychology and Aging in Adulthood." In F. I. M. Craik and S. Trehub (eds.), *Aging and Cognitive Processes*, Vol. 8. New York: Plenum, 1982.

12. Verhaeghen, P., Marcoen, A., and Goossens, L. "Improving Memory Performance in the Aged Through Mnemonic Training: A Meta-Analytic Study." *Psychology and Aging*, 1992, 7, 242-251.

13. Floyd, M., and Scogin, F. "Effects of Memory Training on the Subjective Memory Functioning and Mental Health of Older Adults: A Meta-Analysis." *Psychology and Aging*, 1997, 12, 150-161.

14. Fozard, J. L. "Vision and Hearing in Aging." In J. E. Birren and K. W. Schaie (eds.), *Handbook of the Psychology of Aging.* (3rd ed.). San Diego: Academic Press, 1990.

15. Akutsu, H., Legge, G. E., Ross, J. A., and Schuebel, K. J. "Psychophysics of Reading: Effects of Age-Related Changes in Vision." *Journal of Gerontology: Psychological Sciences*, 1991, 46, 325-331.

16. Papalia, Camp, and Feldman (1996).

17. "The Aging Eye." *Harvard Women's Health Watch*, Dec. 1994, pp. 4-5.

18. Marsiglio, W., and Donnelly, D. "Sexual Relations in Later Life: A National Survey of Married Persons." *Journal of Gerontology: Social Sciences*, 1991, 46, 338-344.

19. Masters, W. H., and Johnson, V. E. *Human Sexual Response.* Boston: Little, Brown, 1966.

20. Levinson, D. *The Seasons of a Man's Life.* New York: Knopf, 1978; Loevinger, J. *Ego Development.* San Francisco: Jossey Bass, 1976.

21. Erikson, E. H. *Childhood and Society.* New York: Norton, 1950.

22. Erikson, E. H. *Identity: Youth and Crisis.* New York: Norton, 1968, pp. 140-141.

23. Smith, J., and Baltes, P. B. "Wisdom-Related Knowledge: Age/Cohort Differences in Response to Life Planning Problems." *Developmental Psychology*, 1990, 26, 494-505.

24. Staudinger, U. M., Smith, J., and Baltes, P. B. "Wisdom-Related Knowledge in a Life Review Task: Age Differences and the Role of Professional Specialization." *Psychology and Aging,* 1992, 7, 271-281.

25. Cavanaugh, J. *Adult Development and Aging.* (2nd ed.). Pacific Grove, Calif.: Brooks/Cole, 1993; Rybash, Roodin, and Hoyer (1995); Papalia, Camp, and Feldman (1996).

CHAPTER 2

의뢰와 제시문제

노인과의 심리치료 첫 회기는 보통 젊은 내담자에게서 듣는 것과 아주 유사한 문제제시를 포함한다. 그러나 속지 마라. 두드러진 관심사가 우울, 불안, 관계의 어려움인 경향이 있긴 하지만, 이런 분류상의 이름은 유사할지라도 그 내용은 다르다. 이 장에서는 우울, 불안, 물질남용 같은 비교적 일반적으로 나타나는 이런 문제 간의 차이를 논의한다. 그 다음, 노인과 첫 회기를 하는 동안에만 들을 수 있는 문제에 대해 이야기하겠다. 이 장을 시작하기 위해 노인이 외래 심리치료로 의뢰되는 몇 가지 방법을 고려하자.

"오늘 상담소에 어떻게 오셨습니까?"

내가 훈련받는 동안 받았던 재미있는 충고 중의 하나는 만약 당신이 내담자에게 "오늘 상담소에 어떻게 오셨습니까?"라고 물을 때 그에 대한 반응이 "차로 왔어요."라면 일이 힘들어진다는 것이다. 물론 이 말의 출처가 의심스럽지만 나를 즐겁게 만든다. 실제로 노인을 심리치료실로 오게 하는 것은 의뢰이다. 그래서 의뢰 과정을 논의해 보자.

　나는 독립한 개업 임상가로서 노인 내담자의 성인자녀, 일차 진료 의사, 정신과의사, 심리학자, 노화에 관한 전문지식이 없는 사회복지사, 노인층 시민을 위한 시설 관리자, 배우자 그리고 마지막이지만 중요한 노인 자신을 포함하여 다양한 출처에서 의뢰를 받는다. 이 장에서 나는 성인자녀, 의사, 다른 정신건강전문가와 관리자에 의한 의뢰에 초점을 맞추고자 한다. 그 이유는 이런 사람들이 재미있는 문제를 제기하기 때문이다.

성인자녀의 의뢰

노인치료에 있어서 가족 성원을 참여시키는 것은 예외라기보다 정상적이다. 많은 경우에 우선적으로 관련되는 가족 성원은 성인자녀이다. 나는 부모와 거의 교류가 없이 멀리 떨어져 사는 자녀에게서 의뢰를 받은 적이 있다. 치료접촉은 종종 노인을 돌보는 아들이나 딸에 의해 시작되거나 촉진된다. 때로 의뢰는 가족치료로 가게 되어 부모, 성인자녀 그리고 다른 사람들이 참여하지만 대개 의뢰는 노인을 위한 개인치료에 준한다.

가족 성원의 관여를 다루는 법은 약간 까다롭다. 예를 들어 어머니의 내과 의사를 먼저 접촉하고 그 의사가 나에게 의뢰하는 경우 딸은 우울한 어머니와의 상담 첫 회기에 매우 정당하게 참여하기를 원하게 된다. 딸은 전화로 예약하고 허약한 어머니와 함께 온다. 나는 무엇을 할까? 나는 성인자녀가 동의한다면 첫 회기에 가족 성원을 포함시키기 좋아한다. 그러나 일부 회기는 가족 성원 없이 진행될 것임을 분명히 한다. 대부분의 경우 성인자녀가 포함된 가족 성원은 첫 회기 후에 상담을 치료자와 부모에게 맡기는 것을 이해하고 기꺼이 그렇게 한다.

성인자녀가 확인해 주는 문제에는 어머니나 아버지가 슬프거나 근심하거나 무관심하거나 어쩐지 정서적으로 변한 것처럼 보인다는 지각이 포함된다. 성인자녀가 확인해 주는 다른 문제는 건망증이나 운전능력이나 자금관리능력 같은 인지적 문제가 중심이 되는 경향이 있다. 그 기저에 있는 문제는 "우리 엄마는 치매환자가 되어 가고 있나요?" 아니면 "우리 엄마는 도움이 더 필요한가요?"인 것 같다. 이러한 질문이 암시하는 것은 성인자녀와 부모의 관계 본질이 변하는 것에 대한 염려이다(좀 더 개인적으로는 '도대체 우리가 이 문제를 어떻게 다룰 것인가?'이다). 의뢰과정과 첫 회기를 통해 성인자녀와 노인부모의 관계역동이 드러난다.

여기 첫 회기에 관계문제가 나타나는 두 가지 화제의 예가 있다. 치료자는 문제가 무엇인지에 대한 일치 정도를 평가할 필요가 있다.

- 성인자녀가 "저희 아버지는 슬퍼하시고, 예전엔 친구 분을 만나고 정원손질하시는 걸 좋아하셨는데 이젠 그런 일에 흥미가 없으세요." 라고 말한다. 그러나 아버지는 "나는 단지 피곤할 뿐이고 여든 두 살이에요. 이게 정신병은 아니죠?"라고 말한다.
- 어머니는 "나는 내 자금관리에 약간 문제가 있어요."라고 하지만 성인 아들은 이렇게 말한다. "어머니는 재정난에 부딪힐 거예요."

사실상 경험적 연구는 손상의 평가에 도움이 되는 사실을 제공한다. 연구에 의하면 노인에게 중요한 제3자는 노인 자신보다 일상생활에서의 활동문제를 더 많이 보고하는 경향이 있다고 한다. 누구의 평가가 더 정확한가는 임상적 판단과 공정한 구조적 평가에 달려 있다.

가족의 대인관계 역사는 성인자녀가 제시하는 문제가 "저희 아버지는 다루기 힘들어졌고 저는 아버지를 바로잡을 필요가 있어요(또는 뭘 해야 할지 말씀해 주세요)."라는 취지의 어떤 것이라면 가장 민감해진다. 이런 경우, 비결은 나의 조언자 중 한 사람인 Larry Beutler가 나에게 주장했던 말, 즉 "모두에게 도움은 주되 그 누구의 하인은 되지 마라."를 실천하는 것이다. 왜냐하면 노인과의 작업은, 특히 의뢰될 때와 첫 회기에서는 가족 성원과의 작업이 포함되어서 오래된 가족문제 한가운데에 말려드는 것은 위험할 수 있기 때문이다.

여기 내가 작업했던 예가 있다. 83세의 이탈리아계 미국인이 고등학교

교장직을 퇴직했는데, 그의 일차 진료 의사가 불안치료를 위해서 내게 의뢰했다. 나의 내담자도 몇 가지 만성적 질환이 있었는데, 그 중에는 당뇨병과 호흡곤란이 있었다. 그의 딸이 예약을 하고 교통편을 제공하고 아버지의 주장으로 첫 회기에 참여했다. 딸과 아버지 간의 관계는 수십 년 동안 팽팽했다. 그러나 쇠퇴하는 건강은 화해를 촉구했다. 내담자의 딸은 "아버지의 불안이 심해져서 뒷마당에서 산책하거나 TV를 보는 것 외에는 뭔가 하는 걸 두려워해요."라고 했고, 나의 내담자는 "내 신경과민이 나를 괴롭히고 있지만 괜찮아질 겁니다."라고 했다.

이때 내담자의 아내가 끼어들었는데, 그녀는 "우리 딸은 15살 이후로 우리를 구박했어요."라며 딸에게 화가 나 있었고, 멀리 떨어져 살고 이 사실을 모두 알 거라고 확신하는 아들에게도 노해 있었다. 이렇게 되면 당신은 그 가족의 역동을 풍부하게 얻었다. 아들은 그 누나의 평가에 의하면 가족에게 비판적이었고 만약 그가 거기 있다면 "어떻게 되겠지."라고 말했을 것이라고 했다. 물론 그는 무언가를 하러 오는 일도 거의 없었다. 첫 회기 동안 신중하게 평가해 보니 아버지는 약간의 도움이 필요했지만 딸에게 짐이 되고 싶지는 않다는 것이 판명되었다. 게다가 그의 아내는 남편의 매우 뚜렷한 불안을 처리할 수 없었다. 나는 내담자에게 "무엇을 원하세요?"라고 물었는데, '내게 남은 시간을 즐기는 것'이 그의 목표라고 명료하게 밝혀 그 능변에 놀랐다.

이 예는 부모-자녀의 관계가 문제의 조속한 해결을 방해하는 상황을 증명한다. 반대로 노인과 성인자녀 간의 관계가 치료뿐만 아니라 첫 회기의 결과에 아주 이로울 수 있는 지지적이고 생산적인 상황도 있다. 나는 자녀의 격려와 부추김으로 첫 상담에 동의한 노인 내담자와 작업한 경우가 더러 있다. 배우자가 없는 노인에게 성인자녀는 부차적인 정보를 얻을 수 있는 유일한 자원일 수 있다. 게다가 성인자녀는, 예를 들어 과제를 하도록 격려한다든가 진척이 더딜 때 계속하도록 강력히 권한다든가 하여 치료를 촉진시킨다.

종합하면 성인자녀가 의뢰하여 작업한 나의 경험은 긍정적이었다. 그러나 나와 비슷한 나이의 가족 성원과 작업하는 것은 재미있고 의욕을 돋우는 한편, 다소 나의 부모 같은 내담자와 심리치료를 하는 것은 나중에 역전이가 더 일어난다!

의사의 의뢰

내가 받는 대부분의 의뢰출처는 내가 임상노년심리학자라는 것을 아는 일차 진료 의사다. 당신이 의사에게서 노인의 의뢰를 받아들이기 시작하면 명심해야 할 것이 몇 가지 있다. 첫째, 모든 사람의 기대는 현실적이라는 것을 확신해라. 내담자는 당신의 전문성과 흥미 때문에 당신에게 오도록 설득될지 모르고 당신이 가져다줄 수 없는 결과를 기대할지도 모른다.

나는 내게 의뢰되었던 사람 중에 혼란, 불안, 과잉 의존 경향성 때문에 정신활성 약물치료를 받아 온 74세의 유럽계 미국인을 기억한다. 아무것도 크게 도움이 될 것 같지 않았지만 의사는 행동치료가 최상의 성공 가능성이 있다고 생각했다. 결과는 그렇지 않았고 가족은 실망했다. 사실은 내게 약간 화가 났다. 만약 내가 다시 그 일을 한다면 첫 회기에 치료의 목표에 대해 가족과 작업하는 데 시간을 더 보내겠다. 또 의사와 의사소통하는 데 더 시간을 보내고, 그에게 예후에 대해 교육해서 그가 그 내용을 가족에게 전달할 수 있도록 하겠다.

의사의 의뢰로 작업할 때 중요한 또 다른 부분은 정신약리학에 대해

아는 것이다. 노인 내담자는 일반적으로 하나 이상의 약물치료를 받고
있다. 만약 의사에게서 의뢰를 받는다면 당신은 확실성을 약 100%까지
끌어올릴 수 있다. 당신은 항우울제와 불안완화제 같은 주요한 향정신약
물뿐 아니라 이 약물과 다른 약물이 어떻게 상호작용하는지에 관해 알고
싶을 것이다.[1] 당신이 첫 회기 동안 내담자에게서 들은 것 중에 모르는
것이 있다면 의사나 의사가 아니라도 알 만한 사람에게 물어보아라. 예
를 들어 나는 생명을 위협하는 심장혈관 병 때문에 아주 우울한데도 불
구하고 항우울제를 복용할 수 없는 사람을 치료한 적이 있다. 첫 회기 후
에 나는 그를 의뢰한 의사에게 왜 이 사람이 그런 사례인지 물었고 설명
을 통해 알게 되었다. 나는 의사와 나의 새 내담자가 나의 행동에 대해
만족했다고 생각한다.

　일반적인 정신활성 합성물에 대한 예비지식이 있어야 하는 또 다른 이
유는 특수한 내담자에게 어떤 약물이 가장 적절한가 하는 견해를(단지
견해를) 정기적으로 대답해야 하는 경우가 있다는 것이다. 이러한 노력
으로 첫 회기에 당신이 얻는 진단적 인상은 도움이 될 것이다. 예를 들어
우울장애에는 불안증상의 징후가 있는가? 이는 특수한 항우울제를 선택
할 필요성을 가리킨다.

　여기 규칙적으로 발생하는 상황이 있다. 어떤 내담자가 당신에게 의뢰
되었다고 통보받았지만 내담자가 전화를 하지 않을 때 당신은 어떻게 하
는가? 나는 대개 처음 나에게 전화한 직원에게 전화를 걸어 내가 상담
가능한 시간을 알려 준다. 나는 직원에게 내담자에게 전화해서 약속을
잡으라고 요청한다. 많은 노인 내담자는 정신건강전문가에게 말하기를
꺼리므로 전화가 없을 때마다 일차 진료 의사나 직원이 일시를 정하는
것이 대개 해결책이 된다.

일반적으로 일어나는 또 다른 상황은 의뢰된 내담자가 전화를 하는 경우 그 노인이 말을 잘 이해할 수 있는지 또는 심지어 당신이 노인에게 하는 말을 들을 수 있는지조차 당신이나 당신의 직원이 확신할 수 없는 경우다. 나는 항상 내담자에게 연필과 종이를 꺼내서 쓰고, 쓴 것을 나에게 읽어준 다음 눈에 잘 띄는 곳에 두라고 격려한다. 내담자가 글을 쓸 수 없다고 하면 받아쓰기를 도울 수 있는 사람을 요청한다. 이런 사람은 대개 비공식적인 보호자이거나 배우자이거나 이웃이다. 만약 이러한 전 과정이 청력이나 인지적 결함으로 인한 의사소통의 부족 때문에 지장이 있다면 나는 의뢰를 받은 곳으로 면담약속을 위임한다.

일차 진료 의사와의 협조적인 작업은 대체로 즐겁다. 노인 내담자와의 작업은 종종 일차 진료 의사가 치료 조정자로서 함께 하며 여러 전문분야가 협력하는 일이 된다. 이러한 협조적인 작업틀 내에서 일하는 능력은 노인과 작업하는 기회를 얻는 데 중요하고 노인을 성공적으로 치료하는 데 더욱 중요하다고 믿는다.

기타 정신건강전문가

나는 때로 다른 임상가에게서 노인을 의뢰받는다. 주의력결핍과잉행동장애(ADHD)로 진단받은 아동이 있는 가족을 치료하고 있던 내 동료 한 사람이 함께 살며 일하는 할머니가 경험하고 있는 문제를 알아차리게 되었다. 이는 일생을 개인과 작업하는 임상가들 사이에서 멋진 협력 기회였다. 당신이 노인 내담자와의 작업으로 명성을 확립하기 시작하면 다른 임상가들이 의뢰할지 모른다. 다른 임상가가 내게 의뢰한 일은 경도치매나 편집성 노인과 같은 복잡한 경우였다.

정신과의사 또한 의뢰의 원천이다. 생물학적인 입장이 강한 정신과의

사는 심리치료에서 여전히 부가가치를 보고 있으면서도 심리사회적 개입을 기피할지 모른다. 나는 노인전문 정신과의사가 아주 좋은 의뢰원천임을 발견했는데, 이는 아마도 노인 정신건강문제의 심리사회적 치료에 관한 그들의 학식이 뒤지지 않기 때문인 것 같다.

의뢰의 마지막 원천은 노인에게 봉사하는 시설, 즉 생활보조 시설, 활동센터, 정부 기관의 관리자나 직원이다. 이러한 의뢰는 주장이 주입되는 경향이 있다. 의사나 다른 임상가의 다소 침착한 의뢰와 다르게 이런 의뢰는 장소, 시간, 상담료에 대한 협상으로 시작된다. 달리 말하면 나는 이 사람들이 대리 가족 성원으로 일하고 있다고 믿는다. 이러한 원천에서 받는 의뢰는 무료 작업에 대한 당신의 태도와 내담자를 당신의 사무실 밖에서 기꺼이 만날 것인지 여부를 시험할지 모른다.

자, 이제 노인 내담자에게서 들을 수 있는 호소의 특성에 대해 이야기해 보자.

다소 다른 일반적 제시문제

노인이 제시하는 문제는 다른 연령의 집단이 제안하는 문제와 비슷하다. 그러나 나는 여기에서 그 차이점에 초점을 맞추겠다.

우울

우울은 노인에게 주요문제이기 때문에 우울로 시작하자. 노인우울문제를 제시할 때 주요한 차이점 중의 하나는 신체적 증상에 있다. 피로, 집중과 기억의 어려움, 수면장애, 성적 흥미의 변화 등은 연령에 관련된 정상적인 변화, 신체적 질병, 알츠하이머병과 같은 신경퇴행성 장애를 해결하는 데(해결이 불가능하지 않다면) 어려울 수 있다.

내가 상담했거나 감독했던 많은 경우에 이러한 연령관련 변화와 신체적 질병은 공존하고, 이는 각별히 복잡한 병인 및 진단상황을 만들어 낸다. 예를 들어 최근에 우리는 갱생병원의 환자를 대상으로 우울평가를 집행했다. 이 노인들은 엉덩이나 무릎 교체와 같은 중요한 정형외과 수술 후 회복 중이었다. 수술한 지 며칠 뒤에 우울평가를 받았다. 증상이 우울증후의 일부인지 아니면 다른 것인지 결정하기 어렵다는 것은 당신도 상상할 수 있다고 믿는다. 예를 들어 수면장애를 호소하는 환자는 그 이유가 다음 몇 가지 중 하나일 수 있다. 통증, 낯선 환경 또는 약물효과의 결과. 그러나 그들이 우울 때문에 수면장애를 겪을 수 있다는 것을 잊지 마라.

이런 힘든 평가를 할 경우 수면에 있어서 연령과 관련된 변화에 대해 아는 것은 도움이 된다. 수면의 시작과 유지의 어려움이 젊은이에게는 진단적으로 중요하지만, 노인에게 수면장애는 훨씬 덜 신뢰가 가는 우울지표이다. 게다가 수면호소는 연령에 따라 다른 경향이 있다. 노인의 수면호소는 수면개시보다 수면유지가 더 흔하다. 수면과 우울의 아주 민감한 다른 징후는 노인이 보고하면 매우 복잡해질 수 있다. 그래서 당신은 무엇을 할 수 있을까? 우울의 신체적 징후에서 연령관련 변화를 알고, 다른 비신체적 증상(슬픔, 죄의식, 울음)과의 일시적인 관계에 대해 질문을 많이 하고, 증상의 원인에 의학적인 문제를 제외시켰는지 확인하라. 여기 몇 가지 예가 있다.

- "어르신은 오랫동안 통증을 느껴 왔고 쉽게 피곤하다고 하십니다. 어르신은 피곤이 통증과 관련이 있다고 생각하십니까? 아니면 최근에 활동에 대한 흥미를 잃은 것과 더 관련이 있습니까?"
- "어르신은 약 10년간 밤에 잠이 깨는 문제가 있어 왔다고 하시는데, 그게 슬픔과 죄의식을 느끼기 시작한 이후로 더 나빠졌습니까?"

에너지 수준의 감소, 집중문제, 소화불량 같은 증상으로 인한 진단적 어려움 때문에 개발하게 된 것이 현재 자주 사용되고 있는 자기보고 우울검사인 노인우울검사(Geriatric Depression Scale)[2]이다. GDS에는 우울의 신체적 지표에 대한 아무런 구체적인 항목이 없다. 왜일까? 당신은 이 이유를 물을 수 있다. 그에 대한 답은 노인 정신건강전문가가 진단적 상담과 함께 실시하여 결정할 때 노인 응답자가 검사를 완수한 경우, 이러한 종류의 항목은 우울을 발견하는 데 가장 서툴다는 것이다.

GDS는 경도치매자, 요양원 수용인, 지역사회 응답자를 포함한 다수의 표본에서 신뢰도와 타당도의 우수성이 증명되었다. 그래서 GDS는 특히 결과를 빨리 아는 것이 중요하다면 우울장애를 가려내는 데 좋은 선택이다.[3] 검사는 30, 15, 10, 4 항목으로 된 것이 있다.[4] 여기에 내가 노인 우울을 걸러내기 위해 사용하는 GDS-4 항목이 있다.

1. 당신은 기본적으로 당신의 인생에 만족하십니까?
2. 당신은 당신의 인생이 공허하다고 느끼십니까?
3. 당신은 뭔가 나쁜 일이 당신에게 일어날 것이라고 염려하십니까?
4. 당신은 대부분의 시간을 행복하다고 느끼십니까?

우울을 정확하게 확인하는 데에 있어서 이미 언급한 어려움은 인지적인 손상정도가 악화됨에 따라 더 심해진다는 것을 고려하는 것이 중요하다. 심해지는 요인은 최근 사건을 더 잘 회상하지 못하고, 추상적으로 생각하는 능력이 감소하고, 구어(口語)나 문어(文語)의 이해가 어려워지는 것이다. GDS는 단순한 예-아니요 형식으로 어느 정도 이러한 장애를 극복한다. Beck의 우울검사(BDI : Beck Depression Inventory)[5]처럼 다중 선택 질문을 포함하는 반응형식은 작업기억에 한계가 있는 노인에게 어려울 수 있다.

핵심은 노인인 경우 우울 스펙트럼 장애의 진단을 주의 깊게 고려해야 한다는 것이다. 증상은 나타나는 것 그대로가 아닐지도 모르고 종종 여러 가지 요인에 의해 나타난다. GDS와 같은 좋은 도구를 사용하고, 질문을 많이 하고, 노화와 연관된 변화에 대해 배워라.

불안

불안이 있는 상황은 다소 다르다. 노인에게서 가장 자주 관찰되는 불안 장애는 범불안장애(GAD)이고 사회공포증이나 공황장애는 비교적 적다.[6] GAD의 연령 특유의 뉘앙스는 '무엇'이 불안한가인 경향이 있다. 즉 격정의 내용이나 초점이다. 놀랄 것 없이 노인은 건강에 대해 염려하는 것 같고, 젊은이는 가족과 재정에 대해 걱정하는 것 같다.[7]

건강 같은 아주 현실적인 것에 대한 염려는 걱정과 불안에 의해 야기된 손상과 그에 따른 고통을 놓치게 할 수 있다. 나는 나 자신이 "그녀가 건강에 대해 걱정하는 건 이상한 게 아니에요. 그녀는 체질이 약해요." 라고 말하는 것을 발견한 적이 있다. 건강치료전문가가 정상으로 처리하거나 개입할 만하지 않다고 처리했지만 사실은 수십 년 오래된 불안문제를 나타냈던 몇 명의 노인과 작업한 적이 있다. 나의 요지는, 납득되는 염려(예를 들어 건강)라는 이유로 지나친 걱정과 불안을 최소화시켜 버리는 이러한 경향에 희생되지 말라는 것이다.

병리화되지 않는 경향 또한 우울에 들어맞아서, 증상을 때로 단지 나이 드는 것의 일부분으로 생각한다. 불안과 우울은 나이 듦의 자연스러운 결과가 아니다. 이러한 장애는 치료할 수 있고 치료되어야 한다.[8]

물질남용

노인의 물질남용에 대한 특성은 불법약물남용은 비교적 드물다는 것이다. 그 반면, 처방약물과 처방 없이 판매하는 약물의 남용과 오용은 더 있음직하다.[9] 노인은 다른 연령집단보다 약물을 더 많이 사용하고 사용의 증가는 오용의 위험을 가져온다. 약물에 의한 역반응에 더 민감해지는 문제와 복합적인 약물처방에 따른 복잡한 복용량 스케줄과 관련이 있을 수 있는 문제도 있다. 또 관련된 기질로 봤을 때 노인환자는 처방자나 약사에게 질문을 덜 하는 것 같다.[10] 그리고 물론 노인은 우울, 불안, 외로움의 고통을 완화하기 위해 처방약을 남용할 수 있다. 노인과의 첫 회기 상담에서 항상 현재 복용 중인 처방약물과 OTC(역주 : over the counter, 처방 없이 판매하는) 약물의 목록이 포함되어야 한다. 임상가는 약리학적 치료에 역반응을 보일지도 모르는 어떠한 증상에도 기민해야 한다.

알코올 남용은 노인들 간에 숨겨진 문제일 수 있다. 왜냐하면 노인은 일이나 자녀양육과 같은 활동에 덜 관련되므로 알코올 문제가 간과될지 모른다. 알코올 남용은 조발성(노령 이전에 알코올을 남용한 사람) 또는 만발성(노령에 처음으로 알코올을 남용한 사람)으로 범주화된다. 만발성

의 원인은 사랑하는 사람의 죽음, 건강문제, 외로움 같은 심리사회적 스트레스에 더 관련되어 있다.[11]

음주문제는 기억 기능이 더 약해지고 수면이 더 얕아지는 것 같은 연령관련 변화를 심화시킬 수 있다. 음주는 또한 처방약물, OTC 약물과 마찬가지로 곤란을 일으킬지 모른다. 노인은 곤혹스러워지는 것이 두려워서 알코올 사용이나 남용을 덜 인정할 수도 있다. 왜냐하면 많은 노인이 알코올 사용이 금지되거나 죄스럽게 생각되던 시기에 사회화되었기 때문이다. 나는 알코올에 대해 질문할 때 "마실 때 보통 얼마나 드세요?" 또는 "마시면 대개 얼마나 드시나요?"라고 한다. 이렇게 하는 것이 '나쁜' 행동을 인정하는 한도 내에서 부담을 약간 덜어 준다.

노인은 대부분의 정신활성 물질에 증가된 민감성을 보인다는 것을 명심하라. 성인 중기에 즐기기 위해 마신 두 잔의 술에 만취되는 것처럼 소량의 복용으로 인한 큰 영향이 문제를 불러올 수 있다.

독특한 제시문제

앞의 제2절에서는 세 가지 일반적인 진단 증후군에서 연령에 관련된 차이를 논의했다. 우울, 불안, 물질남용은 성인의 생애 동안 영향을 끼친다. 이제 나는 노인 내담자 사이에 독특한 경향이 있는 제시문제를 논의하겠다.

- 성인자녀와의 문제해결
- 간호자의 고갈

- 기억에 관한 호소
- 슬픔, 특히 일정 기간 계속되는 슬픔
- 기능적 한계의 보상
- 죽음

성인자녀와의 문제해결

내가 노인 외래환자를 심리치료할 때 가장 자주 제시되는 문제는 배우자나 성인자녀와의 갈등이다. 나는 후자에 초점을 맞춘다. 이 문제는 의뢰와 관련되기 때문에 이미 부모-성인자녀 관계를 논의했지만 여기서 다시 살펴본다. 우울이나 불안장애는 인생의 가장 중요한 활동 중의 하나인 자녀양육과 관련이 있다는 것이 첫 회기에 종종 나타난다. 부모로서 누군가의 성공에 대한 노인의 평가는 생애회고에서 아주 빈번하게 나오는 기본적인 주제이고, 노인을 위한 자아통합의 비중 있는 결정인이다. 노인 내담자는 자녀양육을 후회하며 회고할지 모르고, 충분한 사랑을 보여주지 못했거나 한계를 효과적으로 정하지 않았거나 학대했다고 믿는다.

끝난 일에 대한 후회나 부족감은 성인자녀의 현재의 행동에 의해 조성된다. 자기 자신이 곤란을 겪고 있는 성인자녀는 (이를테면 자기의 자녀를 양육하거나 물질남용에 관여되어 있으면) 노인이 지각하는 결점을 생생하게 확인해 줄지 모른다. 이러한 지각은 현재 성인자녀와의 관계가 좋지 않음으로써 더 강화될 수 있다. 이 모든 것은 인생의 시간이 제한적이고 지나간 일은 바꿀 수 없다는 노인의 지각에 의해 더 마음에 사무치게 된다.

많은 경우에 이러한 지각은 과장되고 역기능적이어서 심리치료가 필요하다. 양육에 대한 이러한 고뇌를 여러 사례에서 반복적으로 관찰함으로써 나는 영향을 크게 받았다. 나는 이제 행복한 노년으로 가기 위한 열쇠라고 할 만한 가치 있는 뭔가를 갖고 있다고 순진하게 생각하는 사람에게 다음과 같은 충고를 한다. 자녀를 정당하게 다루시오. 자녀를 정당하게 다루었다고 말할 수 없는 그런 노인 내담자는 부모로서 자신의 장점과 약점을 이해하도록 돕는 작업을 많이 하는 것이 필요하다. 나의 내담자는 자기 자신이 아주 서툴게 양육되었고 자기의 자녀를 잘 양육할 소양을 갖추지 못했다는 것을 매우 자주 발견한다. 이는 객관적으로 아무 것도 변화시키지 않지만 절망한 노인이 남은 시간을 더 잘 대처하도록 도울 수 있다.

간호자의 고갈

노인 내담자가 자주 제시하는 또 다른 문제는 간호자의 고갈이다. 간호자는 종종 치매이거나 연약한 상대를 돌보는 배우자이다. 돌보는 일은 정서적으로나 신체적으로 어려운 일이다. 내가 지금껏 들었던 매우 영웅적인 이야기들은 가족을 돌보는 사람을 포함한다고 주저하지 않고 말할 수 있다. 그럼에도 불구하고 간호자는 너무 부담스러울 수 있다. 연구에 의하면 간호자는 우울,[12] 억제된 면역능력,[13] 기타 고통을 받는 비율이 상당히 높다고 한다. 방황, 반복적인 질문, 성격 변화와 같은 치매환자에게서 종종 보이는 문제행동에 대한 지식은 가족 간호자와 작업하는 데 매우 유용할 수 있다.

간호자 의뢰의 일부는 자신도 노쇠하면서 한층 더 늙은 부모를 돌보는 성인자녀를 통해서이다. 3세대와 심지어 4세대를 초월하는 문제는 보기 드물지 않다. 예를 들어 나는, 고령의 부모를 돌보고 있고 한편으론 그와 동시에 손자들을 돌보는 60대 초반의 아프리카계 미국인과 작업했다. 그녀는 지쳐서 더 이상은 못하겠다고 느꼈다. 아주 일반적으로 우리는 '중간에' 있는 사람(대개 여자)과 마주친다. 즉 그들은 늙어 가는 부모와 자신의 자녀를 돌보고 있다. 뒤늦게 자녀를 갖게 된 부부는 더욱 '샌드위치 세대'가 되는 경향이 있다.

좋은 소식은, 연구에 의하면 심리사회적 개입이 간호자들 간의 부정적인 정서와 고갈을 줄이도록 해 줄 수 있다고 한다.[14] 내가 간호자와 작업할 때 주요한 초점은 사회적 지지를 확인하고 발전시키는 데 있다. 또 다른 초점은 그들이 간호를 수용하는 행동을 관리하도록 돕는 행동기술을 갖추는 데에 둔다. 예를 들어 첫 회기에서 나는 간호자가 조언을 얻기 위해 누구를 신뢰할 수 있다고 느끼는지, 도움이 필요할 때 그리고 부정적인 사회적 지지를 받으면(간호자의 노력에 비판적인 사람들) 누구에게 전화할 수 있는지 알고 싶어 한다. 또는 나는 기억이 손상된 노인에게 안정과 안전을 제공하는 경로를 개발하도록 돕는다.

간호자 지지집단, 위탁간호, 성인 주간보호 같은 그 지역의 자원에 대해 아는 것도 좋다. 나는 첫 회기에 내담자와 이런 정보를 신속하게 나눈다.

기억에 관한 호소

기억의 어려움은 노인 내담자에게서만 들을 수 있는 또 다른 호소이다. 그런 호소가 있을 때 기억의 어려움이 광범위하지 않다면 서둘러 인지기능 평가(제3장에서 다룬다)를 해야 한다. 만약 이런 평가 결과, 결함이 비병리적이거나 연령에 따른 범주 내에 있지만 내담자가 여전히 걱정스럽다고 하면 기억훈련으로 구성된 심리치료를 선택한다. 그러나 치료에 들어가기 전에 노인의 기억에 관한 호소의 본질을 더 살펴보자.

첫째, 기억에 관한 호소는 노인에게 아주 빈번하고 불안이나 우울이 있을 때 훨씬 더 잦다.[15] 달리 말하면 우울과 기억에 관한 호소정도 간에는 정적인 상관이 있다는 것이 임상적 노화에 대한 문헌에서 잘 확증된다. 그래서 이름을 잊거나 물건 둔 곳을 잊거나 하는 기억에 관한 호소는 정서적 근심이 있으면 더 악화될 수 있다. 재미있게도 기억에 관한 호소는 인지 손상 정도가 더 현저할수록 덜해지는 경향이 있다.

나는 당신이 노인과의 첫 회기에 이런 질문을 하기 권한다. "어르신의 기억은 어떠세요?" 당신은 "좋아요."라는 반응은 좀처럼 얻지 못할 것이지만 "예전 같지 않아요." 또는 "좋지 않아요."라는 말을 더 자주 들을 것이다. 제3장에서 인지평가를 위한 권고내용을 다룬다.

슬픔

또 다른 제시문제는 슬픔이다. 대개 우리가 슬픔을 생각할 때 사랑하는 사람의 죽음이 생각난다. 노인은 일반적으로 중요한 타인의 상실을 많이 경험한다. 결혼 50년 후에 배우자의 죽음에 따르는 황폐함을 상상해 보라. 나는 예상치 못한 남편의 죽음으로 깊은 우울 에피소드를 경험한 유럽계 미국여자와의 작업을 기억한다. 남편은 그녀 인생의 중심이었으며, 그는 그녀를 하고 싶은 대로 하게 함으로써 보답해 왔다. 그녀와의 작업은 정서적 안녕의 유지에 있었고 ECT(역주 : electroconvulsive therapy, 전기충격치료)와 약물요법으로 집중적인 입원치료를 했다. 그녀는 새로운 정체성, 즉 남편을 필요로 하지는 않지만 남편에 대한 기억을 존중하는 새로운 정체성을 만들어 낼 필요가 있는 것 같았다.

또 다른 파괴적인 손실은 성인자녀나 손자손녀를 잃는 노인이다. 장수하는 노인에게 이러한 '순서를 벗어난' 사건이 일어날 가능성이 높아지고 있다. 신체 및 정신적 기능의 손실 때문에 이미 취약해진 사람은 그런 지독한 심리사회적인 스트레스가 일어날 때 압도당할 수 있다. 주요 우울(DSM-IV에 의해서 상실 후 2개월 간 증상으로 정의된다)로 되는 사별은 우리가 우울 연구에서 보는 우울한 노인에게서 꽤 많이 발견된다.

우리는 노인이 경험하는 또 다른 유형의 슬픔도 알아야 하는데, 사랑하는 사람이 무정하게 알츠하이머병으로 쇠퇴를 보이는 경우이다. 알츠하이머병은 가장 자주 발생하고 잘 알려진 신경퇴행성 장애이다. 뇌가 알츠하이머병으로 죽어감에 따라 환자는 서서히 기능적 능력을 상실한다. 이러한 상실은 우리로 하여금 우리가 누구인가를 만드는 영역인 기억, 지능, 성격, 기타 고위 피질 기능에서 가장 뚜렷하다. 병이 진행됨에 따라, 때로는 몇 해를 넘기기도 하는데, 더 이상 예전의 그는 존재하지 않는다. 많은 간호자에게 이런 상실은 일상의 활동을 계속 도와야 하는 스트레스와 부담으로 경험된다. 환자가 살아가는 동안 그것은 간호자에게는 개인적인 손실이다. 돌보는 일이 언제 끝난다는 기약 없이 계속 해야 한다. 이러한 덜 분명한 슬픔 반응을 확인하는 것은 노인과 작업을 시작하는 사람들에게 하나의 도전이다.

보상

노인과 작업할 때 자주 발생하는 문제는 건강이나 기능적 능력의 변화에 대해 그들이 만들어야 하는 보상이다. 예를 들어 노인이나 가족 성원이 직면하는 주요한 결정 중의 하나는 자동차 열쇠를 포기하는 것이다. 이는 뇌졸중, 시력감퇴, 복잡한 자극에 재빨리 반응하지 못하는 어려움의 결과일 수 있다. 이와 유사하게 종교적인 봉사 같은 사회적으로 보상받는 활동에서의 용무가 제한될지 모른다. 첫 회기에서 "어르신은 _____ 때문에 일을 할 수 없습니까?" 그리고 "어르신은 _____ 문제를 다루기 위해 무엇을 하십니까?"라는 질문을 하는 것(빈칸을 채우는 것)은 중요하다. 어떤 노인은 지독하게 독립적이어서 도움 요청하기를 아주 싫어하고 어떤 노인은 자원을 이용하는 데 필요한 기술을 가지고 있지 않다. 다른 한편으로 나는 아주 주목할 만한 보상의 예를 본 적이 있는데, 비록 운전을 할 수 없지만 운송 체계를 잘 조직한 사람이나 일상적인 일을 잊지 않으려고 알림 전화를 받도록 조처한 사람이 그 경우이다. 노인과 작업하는 치료자로서 당신이 할 일 중 하나는 보상적 전략을 설계하고 이행하는 것을 돕는 일이다. 보상의 필요성과 기술을 평가하는 것은 첫 회기에 치러야 할 적절한 일이다.

죽음

노인과의 작업은 또한 죽어가는 사람에게 서비스를 제공하는 것을 포함한다. 당신은 대개 의사, 간호사, 성직자를 포함하는 말기환자 보호 집단의 일부가 될 것이다. 아마도 호스피스는 말기환자 보호의 가장 잘 알려진 모델인데, 여기서의 철학은 죽어가는 사람이 '죽을 때까지 살기'를 돕는 것이다. 치료자는 병원에서, 내담자의 집에서 또는 외래 내담자 체제로 지지적인 개입을 해 줄 수 있다. 나는 죽어가는 내담자와 작업하는 데 특히 중요한 자아통합의 문제에 주의를 기울였다. 죽음에 직면하는 것은 더 이상 추상적인 개념이 아니다. 내가 작업했던 죽어가는 내담자의 대부분은 죽음 그 자체에 대해 평온했지만 긴장된 관계를 개선하거나 재정적인 일을 해결하는 것 같은 문제를 처리하기 원했다. 인생의 종말을 수용하는 것은 타이밍과 관련이 있다. 고령집단과 초고령집단에 속하는 사람은 죽음이 손짓한다는 것을 아는 반면, 중년기 성인과 연소노인은 닥쳐오는 죽음이 시기상조라 느끼는 것 같다. 내가 제4장에서 논의하는 것처럼 죽어가는 내담자와의 작업에서 역전이 문제가 일어날 가능성이 크다. 지지적인 상담을 하고 슈퍼비전을 받는 것이 항상 현명하다.

노인 내담자는 하나의 집단으로서 그들에게 독특한 문제를 가지고 심리치료를 하러 온다. 그들은 또한 다른 성인 내담자와는 다소 다른 의뢰 경로를 거쳐 올지 모른다(또는 당신이 그들에게 갈지도 모른다). 이런 차이를 인식하면 당신은 첫 회기 평가와 진단을 더 효과적이고 정확하게 할 수 있다. 제3장은 이러한 활동에 대한 것이다.

 각주

1. Schneider, J. "Geriatric Psychopharmacology." In L. L. Carstensen, B. A. Edelstein, and L. Dornbrand (eds.), *The Practical Handbook of Clinical Gerontology.* Thousand Oaks, Calif.: Sage, 1996.

2. Yesavage, J. A., and others. "Development and Validity of a Geriatric Depression Screening Scale: A Preliminary Report." *Journal of Psychiartic Research*, 1983, 17, 37-49.

3. Scogin, F., Rohen, N., and Bailey, E. "Geriatric Depression Scale." In M. Maruish (ed.), *Applications of Psychological Testing in Primary Care Settings.* Hillsdale, N. J.: Erlbaum (forthcoming).

4. D'Ath, P., and others. "Screening, Detection, and Management of Depression in Elderly Primary Care Attenders: The Acceptability and Performance of the 15 Item Geriatric Depression Scale (GDS15) and the Development of Short Versions." *Family Practice—An International Journal*, 1994, 11, 260-266.

5. Beck, A. T., and others. "An Inventory for Measuring Depression." *Archives of General Psychiatry*, 1961, 4, 561-571.

6. Scogin, F. "Anxiety in Old Age." In I. H. Nordhus, G. R. VandenBos, S. Berg, P. Fromholt (eds.), *Clinical Geropsychology*. Washington, D.C.: American Psychological Association, 1998.

7. Person, D. C., and Borkovec, T. D. *Anxiety Disorders Among the Elderly: Patterns and Issues*. Paper presented at the 103rd annual convention of the American Psychological Association, New York, Aug. 1995.

8. Schneider, L. S., Reynolds, C. F., Lebowitz, B. D., and Friedhof, A. J. *Diagnosis and Treatment of Depression in Late Life: Results of the NIH Consensus Development Conference*. Washington, D.C.: American Psychiatric Press, 1992.

9. Dupree, L. W., and Schonfeld, L. "Substance Abuse." In M. Hersen and V. B. Van Hasselt (eds.), *Psychological Treatment of Older Adults: An Introductiry Text*. New York: Plenum Press, 1996.

10. Olins, N. J. "Pharmacy Interventions." In S. R. Moore and T. W. Teal (eds.), *Geriatric Drug Use: Clinical and Social Perspectives*. New York: Pergamon Press, 1985.

11. Schonfeld, L., Dupree, L. W., and Rohrer, G. E. "Age-Related Differences Between Younger and Older Alcohol Abusers." *Journal of Clinical Geropsychology*, 1995, 1, 219-227.

12. Gallagher, D., and others. "Prevalence of Depression in Family Caregivers." *Gerontologist*, 1989, 29, 449-456.

13. Kiecolt-Glaser, J. K., and Glaser, R. "Caregiving, Mental Health, and Immune Function." In E. Light and B. Lebowitz (eds.), *Alzheimer's Disease Treatment and Family Stress: Directions for Research*. (DHHS publication no. ADM 89-1569). Washington, D.C.: U.S. Government Printing Office, 1989.

14. Gallagher-Thompson, D., and Steffen, A. M. "Comparative Effects of Cognitive-Behavioral and Brief Psychodynamic Psychotherapies for Depressed Family Caregivers." *Journal of Consulting and Clinical Psychology*, 1994, 62, 543-549; Zarit, S. H. "Interventions with Family Caregivers." In S. H. Zarit and B. G. Knight (eds.), *A Guide to Psychotherapy and Aging*. Washington, D.C.: American Psychological Association, 1996.

15. APA Working Group on the Older Adult. "What Practitioners Should Know About Working with Older Adults." *Professional Psychology: Research and Practice*, 1998, 29, 413-427.

CHAPTER 3

평가와 진단

내 견해로는 노인과의 작업을 구분하는 두 가지 주요 영역이 건강상태 및 인지상태와 관련된다. 노인치료 첫 회기에 종종 이러한 영역의 평가를 수행한다. 인지기능과 건강상태는 이 장의 중심이다. 나는 여기에서 정식 평가가 필요한 상황과 간단한 검사 시행에 유용한 도구에 대해 논의한다.

나는 심리치료를 시작하는 내담자에게 기계적으로 심리검사를 실시할 것을 주장하는 사람은 아니다. 나는 비용-이익률이 만족스럽다고 확신하지 않기 때문에 이런 입장을 취한다. 더 직접적으로 말하면 나는 기계적인 심리평가가 우수한 결과를 낳는다고 제안하는 아무런 자료도 본 적이 없다. 그러나 나는 치료에 관련된 의문이 생길 때는 범위를 정하고 목표가 되는 심리측정 평가를 하도록 주장한다. 노인의 인지기능에 대한 의문은 확실히 치료와 관련된다.

인지기능의 평가

제1장에서 나는 우리가 나이 듦에 따라 인지기능이 어떻게 변하는지에 대한 기본적인 정보를 제시했다. 반복하지만 많은 인지기능이 노화와 함께 덜 효과적으로 되는 것에는 의심의 여지가 없다. 노인과 첫 회기를 수행하는 임상가의 문제는 손상정도를 평가하고 치료에서 무슨 변화가 필요한지를 평가하는 것이다.

어떤 의뢰에서는 공식적인 평가에 대한 필요성이 분명하다. 최근에 자기 어머니가 노인심리상담소를 방문하기 바라는 딸이 내게 전화했던 예를 보자. 그녀는 접수직원에게 "우리 엄마는 아주 잘 잊어버리고 우리가 이 문제를 엄마와 의논할 때마다 엄마는 방어적이고 화를 내요.", "엄마는 한참 우시는데요, 이전에는 절대 그런 적이 없었고 책을 읽거나 연속극을 보고 싶어 하지 않는 것 같아요."라고 말했다. 어머니는 몇 번 난로를 켜 놓고 물을 틀어 놓은 채 외출한 적이 있었기 때문에 딸은 어머니의 안전을 염려했다(어머니는 혼자 산다). 딸의 이야기는 "저는 엄마가 집에 불을 낼까 봐 걱정이에요."였다. 그들이 전화상담 후에 나에게 왔기 때문에 이 사례에 대한 생각을 여기에 쓴다.

첫째, 어머니는 약속을 거부할지 모르기 때문에 이 내담자(어머니)를 계속 볼 것이라는 보장이 없다. 나는 딸에게 "어머니는 상담소에 오시는 걸 동의하지 않으실지 모릅니다. 상담소에 오시는 게 도움이 될 거라 생각하신다면 제가 어머니에게 우리가 뭘 할 건지에 대해 말씀드릴 수 있어요."라고 말한다. 그래도 우리는 그녀가 나타날 것이라는 가정 아래 첫 회기에 대한 계획을 세우기 시작한다.

지금 우리가 가진 단편적 정보로 볼 때 인지평가는 분명히 필요하지만 어머니가 인지평가에 동의하게 하는 것은 민감한 문제이다. 자신의 단점을 증명하는 정식 평가도구에 어머니를 직면시키는 것은 현명하지 않다. 대신 상담 동안 인지기능에 관한 질문을 하고 어머니가 하려고 하면 정식 심리측정인 정신상태 검사로 나아가는 것이 더 좋다고 생각한다. 예를 들어 나는 어머니에게 "어르신이 집 주변에서 하기 어려운 일에 대해 저에게 말씀해 주세요." 그리고 "어르신은 가끔 자신이 잘 잊어버린다는 걸 발견하시나요?"라고 묻는다. 나는 이런 유형의 질문에 대한 개방성을 기초로 평가를 더 한다. 이 경우에 그녀는 "어르신의 딸은 어르신이 난로를 켜 놓은 채로 외출하셔서 집에 불이 날까 봐 걱정합니다. 어르신도 이 점이 걱정되세요?"에서처럼 다양한 종류의 질문에 꽤 반응하는 것으로 판명되었다. 그러나 그녀는 두 번째 회기까지는 내가 정식 정신상태 평가를 하도록 허락하지 않았다.

찾아야 할 것

징후가 있으면 견실한 심리 측정도구로 인지손상을 검사하는 것이 필요하다고 생각하라. 가장 우선적이고 명백한 질문은 '인지적 손상이 분명한가? 이다. 인지상태의 연속체에서 어느 한쪽 끝에 있는 극단적인 경우를 결정하는 것은 쉽다. 능변이고, 구두의 의사소통을 이해하고, 최근 정보를 회상하는 데 어려움이 없는 노인은 일반적인 인지기능의 평가가 필요 없고 인지기능에 대한 특별한 호소를 말할 때에만 필요하다.

예를 들어 나는 기억실수를 특히 염려했던 60대의 아시아계 미국인 여자와의 첫 회기를 기억하는데, 그녀는 사별한 남편의 이름을 잊어버렸다. 그녀는 우울했기 때문에 이런 실수를 남편의 기억에 대한 무례의 신호로 확대해석하고 큰 이변으로 생각했다.

그녀는 "내가 그의 이름을 기억할 수 없다면 내가 미쳐가고 있는 게 틀림없어요."라고 말했다. 나는 그녀에게 첫 회기에는 상담을 조금 더 하자고 말하고 정신상태를 조사했다(다음 절 '정신상태' 참조). 그녀의 수행은 손상이 없는 수준이었다. 나는 한 단계 더 나아가서 우리가 기억 훈련연구에서 사용하는 이름-얼굴 회상과제를 주었다.[1] 이 과제에서 열두 사람의 그림에 이름이 주어졌다(예를 들어 '미스터 글래니'). 이름과 얼굴을 제시한 후에 우리는 얼굴을 다시 보여 주고 참여자가 이름을 붙이도록 한다. 나는 그녀의 점수가 그녀 연령의 치매가 아닌 다른 사람의 점수와 매우 흡사하다고 그녀에게 보여 주었다.

이것이 그녀가 괜찮다는 것을 확신시켰는가? 아니다. 자신이 미쳐 가고 있다는 그녀의 믿음은 과잉 결정되었다. 즉 그녀의 우울, 남편과의 관계, 연령관련 기억변화에 대한 보상 그리고 많은 다른 요인이 그녀의 믿음에 깊이 관련되었다. 그럼에도 불구하고 그런 경우에 객관적인 정보는 자신이 치매로 가고 있는지 걱정하는 내담자를 안심시킬 수 있다.

인지기능에서의 어려움은 다른 어떤 것의 결과일 수 있다는 것을 기억하는 것이 중요하다. 그래서 속단하지 마라. 우울하고 고심하고 묵직한 유형인 경우 또는 국소 신경손상 같은 문제는 인지적 어려움과 비슷할 수 있다. 우울은 인지적인 느림(정신운동 지체)을 초래하는 것으로 알려져 있고 그것은 극단적인 경우에 치매와 비슷하기까지 하다. 노인은 반응하기 전에 아주 신중하게 숙고하여 해결하기 때문에 느리고 생각이 깊은 유형은 인지적인 손상을 자극할 수 있다. 만약 내가 동료교수들과 함께 있을 때처럼 그들에게 몇 시냐고 묻는다면 그들은 시계가 어떻게 작동하는지 말할 것이다. 예를 들어 가벼운 뇌졸중은 언어의 뚜렷한 발음에 어려움(말더듬증)을 초래하므로 기억 결함이 있다고 믿게 한다.

치매정도가 중등도에서 중증에 해당하는 노인은 인지기능의 간략한 평가가 필요하지 않다. 그 대신 의사에게 신경학적 또는 신경심리학적 감정을 받기 위한 의뢰가 필요하다. 이런 사람은 감성적이고 표현이 풍부한 언어에 중대한 어려움이 있으며 정보회상을 잘 하지 못하고 도움 없이는 일상 활동을 수행할 수 없다. 예를 들어 퇴직한 기술자가 '핸들'이라는 단어를 생각해 내는 데 어려움이 있어서 그 단어 대신 "자동차를 돌리기 위해 사용하는 것인데, 동그랗게 생겼어요."라고 말한다. 한때 매우 유능했던 개인이 이제는 옷을 고르는 데 누군가의 도움이 필요할지 모른다. 왜냐하면 감독하지 않으면 속옷을 여러 벌 입을 것 같기 때문이다. 상담회기 중에 중요한 타인의 보고 외에 이런 종류의 관찰은 정식 정신상태 검사의 필요성을 없앤다.

인지적 연속체의 양극단을 제거했을 때 이제 우리는 양극단 사이에 속하는 사람들에게서 더 어려움을 느낀다. 이러한 사람에게는 인지적 문제에 초점을 맞추는 것이 중요하다. 정식 심리검사를 하든 않든 많은 정보를 첫 평가상담에서 얻을 수 있다.

아마도 내담자에게 묻는 첫 번째 질문은 "어르신은 어떤 기억문제를 경험하십니까?"이다. 젊은이든 노인이든 거의 모든 사람이 "난 이름을 기억하는 데 문제가 있어요." 또는 "나는 물건 둔 곳을 잊어버려요."라고 말할 것이다. 내가 이런 어려움의 예를 들어 보라고 요청할 때 그들은 예상대로 아주 종종 이렇게 시작한다. "내가 은퇴한 직원들 친목회에 가면 30년간 함께 일한 사람의 이름을 기억할 수 없어요." 나는 대개 그들에게 "친목회에서 누가 또 이런 문제를 겪는 것 같았나요?"라고 묻는다. 그들은 그 '문제'가 유행병이라고 고백한다. 내가 다른 인지적 손상의 징후를 관찰하지 못하면 기억기능이 그 연령에 예상되는 수준에 속한다고 확신한다.

나는 또 노인 내담자에게 이런 기억실패를 어떻게 느끼는지, 즉 그것이 괘념하지 않는 골칫거리 정도인지 아니면 걱정의 이유가 되는지를 묻는다. 내가 이런 종류의 질문을 할 때는 주관적인 인지기능을 평가하는 것인데, 그것이 반드시 객관적인 인지기능과 같은 유형이 아니어도 된다. 주관적인 기억 기능은 당신 생각에 당신의 기억력이 얼마나 좋은가, 기억실수가 당신에게 얼마만큼 문제인가, 기억결점을 보상하는 데 얼마나 많은 노력을 하는가이다. 객관적인 기억기능은 목록이나 문단의 회상 과제 같은 기억 및 인지의 심리측정에 대한 수행을 말한다.

일반적으로 인지기능이 문제인 경우에 주관적인 기억기능에 대한 상담으로 시작하는 것이 더 좋다. 나는 노인 대상의 연구를 기초로 상담한다.[2] 내가 질문하는 두 가지 원칙적인 영역은 그 사람이 경험하는 기억문제의 수와 이런 기억실수와 연합된 심각성의 정도이다.

예를 들어 나는 "이제 제가 몇 가지를 말씀드릴 텐데요, 어르신이 이런 것을 기억하는 데 얼마나 자주 문제가 됩니까?"라고 물은 후 이름, 약속, 자주 사용하는 전화번호, 사람들이 내담자에게 하는 말, 단어, 대화에서 생각의 실마리를 잃는 횟수를 세어 본다. 나는 또 내담자에게 "어르신이 기억을 하지 못할 때 그것 때문에 얼마나 괴로우신가요?"라고 묻는다.

여전히 어떤 사람들은 자신이 무엇을 기억할 수 없는지를 기억하지 못한다. 그럴 때 나는 몇 가지 상황을 늘어놓기 시작한다. "어르신은 사람들의 생일을 잊어버리세요? 어르신은 집안일 하는 것을 기억하는 데 문제가 있습니까?" 나는 그때 기억쇠퇴와 관련된 고민을 확인하는 진지한 문제를 묻는다. "어르신은 언제 사람들이 어르신에게 말한 것을 기억하는 데 문제가 있고, 그것 때문에 얼마나 괴로우신가요?" 나는 문제는 별로 없지만 아주 염려하는 내담자와, 문제가 많지만(치매는 아니어도) 곤란을 잘 헤쳐 나가는 내담자를 보았다.

만약 첫 회기 동안 나의 내담자가 인지기능에 대해 걱정하거나 인지적 어려움이 있어 보인다는 염려를 표현하면 간략한 심리측정 검사를 수행하도록 허용한다. 후자의 상황에서는 "어르신은 기억이 예전 같지 않다는 것을 알아차리셨습니까? 대부분의 노인은 나이가 들어감에 따라 변화를 알아차리십니다. 시간을 몇 분 드릴 테니 어르신이 경험하신 변화를 저희가 더 잘 알 수 있게 해 주는 몇 가지를 해 주시면 좋겠습니다. 끝나고 나면 저희가 그 결과를 말씀해 드리겠습니다."

간략한 심리측정 평가를 부추기는 인지적 어려움의 신호는 무엇일까?

당신은 아래와 같은 노인을 발견할지 모른다.

- 질문에 반응하는 데 시간이 오래 걸린다(반응 잠시).
- 자주 생각의 맥락을 잃는다.
- 비교적 힘들지 않은 기억 과제에 어려움이 있다.

예를 들어 우리는 대부분의 70세 노인이 자기가 태어난 도시의 이름을 기억하는 데 문제가 있다고 예상하지 않는다. 그리고 우리가 그들에게 비교적 간단한 질문(예를 들어 "어르신은 주차장을 찾는 데 문제가 있습니까?")을 하는 게 아닐 때에는 답을 듣기까지 5초간의 침묵을 예상한다. 두서없고 빗나가는 식으로 말을 하는 것도 걱정을 일으키기 시작한다.

손상의 구체적인 신호 중의 하나는 최근에 배운 일화적인 정보를 잊는 것이다. 예를 들어 아래와 같은 질문에 답할 수 없다.

- "어르신의 걱정을 의사에게 말씀하셨습니까?"
- "어르신이 맏아들과 마지막으로 얘기한 게 언제입니까?"
- "대통령의 이름은 무엇입니까?"

자기보고('나는 예전처럼 기억하지 못함'), 미묘한 신호(반응 잠시), 분명한 신호(최근 일의 기억에 문제 있음)가 모아지면 심리측정 평가의 주제를 터놓고 이야기할 시간이다. 이런 경우 인지는 성공적인 치료에 변수가 될 수 있다.

정신상태

인지기능의 정식 평가가 바람직하다고 결정하면 임상가는 좋은 도구를 결정해야 한다. 인지검사를 위한 여러 가지 유용한 도구 중에 나는 단 한 가지 간이 정신상태 검사(MMSE : Mini-Mental State Examination)[3]를 여기에서 논의한다. MMSE는 표준화된 검사이다. 이 간단한 도구는 다양한 연구와 임상상황에서 사용되고, 그럼으로써 전달할 수 있는 비율이 높아졌다. 즉 만일 내가 동료에게 내담자가 MMSE에서 18점을 받았다고 말하면 나의 동료는 대략적이긴 하지만 내담자의 총체적인 인지기능에 대해 알 수 있다. MMSE는 지남, 주의, 회상, 감성적이고 표현이 풍부한 언어를 포함하여 몇 가지 기본적인 인지기능을 평가한다. 더구나 MMSE는 채점하기가 쉽고, 손상 수준별로 점수가 분류된 것이 추천할 점이다. 전문가들은 MMSE점수가 알려진 내담자를 당신에게 의뢰할지도 모르므로 이 도구에 대해 아는 것이 나쁘지 않다.

일반적으로 최대점수가 35일 때 24점을 넘게 받은 사람은 인지손상이 거의 없거나 전혀 없는 것으로 간주되는 반면, 17~23점은 약간의 손상을 나타낸다. 17 이하의 점수는 읽고 쓰는 능력이나 정규교육의 부족이 요인인 것을 제외하고 중요한 손상을 시사한다. MMSE의 또 다른 이점은 복잡한 준비가 필요하지 않다는 것이고 평가할 만하다고 결정한 후에 곧 시행할 수 있다. 마지막으로 MMSE에 대한 많은 연구가 있어 왔고, MMSE가 심리측정 면에서 지지받을 결과를 보여 왔다.

만약 당신이 인지검사가 적절하다고 믿는다면 나는 MMSE를 사용할 것을 제안한다. 만약 당신의 내담자가 20점대 중간 이상의 점수라면 연령에 따른 기억변화를 다룰 기회이다. 만약 점수가 10~20대 중반이라면 임상 신경심리학자, 노년심리학자 또는 신경학자의 평가를 통해 검토를 더 해야 한다. 이런 기능범주에 속하는 내담자는 심리치료를 착수하는 데에도 어려움이 있을지 모른다. 이는 오직 경험적이고 실용적으로 판단하여 결정할 수 있다. 즉 경우에 따라 다르다.

일상활동의 평가

인지검사를 유용하게 보완할 수 있는 것은 일상생활 활동의 평가이다. 금전을 관리하고 교통수단을 사용하고 식사를 준비하는 그런 활동을 수행하는 것에 관한 질문은 인지적 한계의 결과일 수 있는 손상에 대한 정보를 제공한다. 일상생활 활동에 대한 간단한 평가는 인지기능 평가 바로 다음에 하거나 바로 앞에 할 수 있다.

노년학 학자는 대개 기본적인 일상활동(목욕, 섭식, 배변)을 고등 일상활동(전화사용과 요리)과 구별한다. 심리치료를 위한 첫 상담을 할 때 노인은 일상생활의 이러한 복잡한 활동에서의 문제를 훨씬 더 경험하는 것 같다. 나는 개방적 질문("어르신은 집 주변의 일을 하는 데 문제가 있습니까?")을 하는 것이 내가 필요한 모든 정보를 제공한다는 것을 알았다. 개방형 질문에 긍정적인 반응을 얻는다면 구체적인 활동을 더 알아본다.

여기에 예가 있다. 69세의 기혼녀와 남편은 노인심리상담소에 예약을 했다. 그녀는 일생을 주부로 지냈고 그는 퇴직한 관리사였다. 그녀의 남편은 가교클럽을 통해 우리 상담소를 알게 되었다. 나의 첫 번째 전화접촉은 남편과 있었는데, 그는 아내의 늘어나는 망각과 '들러붙는' 행동을 걱정한다고 말했다. 그의 아내는 남편의 격려와 부추김에도 불구하고 전화로 접수직원에게 말하려 하지 않았다. 아내가 꺼렸기 때문에 이 약속이 지켜질까 하는 염려가 있었지만 날짜는 정해져 있었다.

그럼에도 불구하고 남편과 아내 두 사람 모두 약속시간에 나타났다. 그녀는 가냘프게 보였다. 즉 걸음걸이가 불안정했고 약한 목소리로 말했다. 그들이 적당히 자리를 잡았을 때 그녀는 질문에 답했지만 남편 의견에 따르기를 더 좋아하는 것이 분명했다. "오늘 저를 보러 오신 이유가 무엇입니까?"라는 나의 시작하는 질문에 반응할 때 내가 그녀에게 직접 질문했음에도 불구하고 그녀는 다소 애처롭고 두려워하는 눈빛으로 남편을 바라보았다. 남편이 "당신이 말해."라고 말하자 그녀는 "기억에 문제가 있어서요."라고 답했다. 내가 문제 유형에 대한 더 많은 정보를 모으려 했기 때문에 나는 그녀가 최근의 일을 회상하는 데 어려움이 있다는 것을 알았다. 예를 들어 대기실에 있는 동안 특별서식을 작성하길 요청했을 때 그녀는 기억할 수 없었다. 생물지리학적 정보 같은 오래전 일의 회상은 그녀에게 아무런 문제가 없었다. 그들은 기억 문제에 대한 조언을 구하고 있었기 때문에 내가 그녀를 상담할 때 관찰한 현상과 결부하여 나는 그녀에게 간단한 평가를 할 수 있는지 묻기로 결정했다. 나는 "어르신은 기억에 문제가 좀 있어 보입니다. 어르신이 갖고 있는 문제에 대해 더 잘 알게 해 줄 간단한 평가를 하고 싶습니다. 괜찮으시겠어요?"라고 말했다.

그녀는 MMSE에서 22점을 받았는데, 이는 일종의 명백한 손상과 비손상 간 어느 쪽에도 속하지 않는 영역이었다. 예상대로 그녀는 최근의 회상과제에 특별한 어려움이 있었다. 그녀에게 기억할 세 가지 단어를 주고 나서 몇 분간의 지연 후에 질문했을 때 단 한 가지만 회상할 수 있었고 단어의 철자를 거꾸로 말하는 데 어려움이 있었다. 약간의 인지적 손상이 있다는 결과를 기초로 하였기 때문에 나는 일상의 활동에 대해 질문해도 되는지 물었다. 그녀는 동의했다.

나는 첫 회기 평가도구로 IADL(Instrumental Activities of Daily Living, 수단적 일상생활 활동) Scale[4]을 사용했다. IADL에서는 "지난 주 동안 전화를 사용하는 데 도움이 필요했습니까?" 그리고 "지난 주 동안 음식을 준비하는 데 도움이 필요했습니까?"와 같은 질문을 한다. 부수적인 자료는 종종 일상활동 손상수준을 확증할 때 유용한 정보가 된다. 당신이 내담자를 잘 아는 사람들에게 질문할 때 중요한 타인들은 문제를 과잉 증명하는 경향이 있음을 기억하는 것이 중요하다. 그러나 이 경우에 남편은 확증해 줄 수 있는 유용한 자원이었다. 나는 나의 내담자가 자금을 관리하고 교통수단을 이용하는 것 같은 인지적으로 복잡한 일상생활 활동을 하는 데 어려움이 있다는 것을 알았다. 섭식, 배변과 같은 더 기본적인 활동은 그녀에게 아무런 문제가 아니었다.

나는 이 부부에게 아내의 신경심리 기능에 대한 포괄적인 평가를 받는 것이 좋겠다고 추천했다. 나는 그들이 이미 아는 것을 말했다. "어르신은 어르신의 복지를 저해하는 기억의 문제를 가지고 있습니다. 저는 누군가가 어르신의 기억을 철저하게 평가했으면 합니다. 제가 의뢰를 하도록 하겠습니다. 그 동안에 저는 기억문제를 극복하는 방법에 대해 어르신과 작업을 시작하고 싶습니다." 그들은 이것이 바로 그들이 하기를 원했던 것이라고 말했다.

MMSE나 유사도구는 있는 그대로의 정보만을 제공하고 치매진단을 위해 단독으로 사용되지 않는다. 심사하여 걸러낼 뿐이다. 최근에 출판된 논문 '치매평가를 위한 지침과 연령에 관련된 인지쇠퇴'[5]에서 동일한 논점이 있었다. 이 지침은 이 주제에 대한 일반적인 정보를 제공하는데, 나는 그것을 관심 있는 독자에게 권한다.

결과에 따라 할 일

당신이 노인과 첫 회기를 하고 있는데, 내담자의 어떤 잠재요인이 인지기능을 알아보는 간단한 검사를 하도록 자극했고 당신이 그 일을 수행했다고 하자. 자, 이제 당신이 가진 정보로 무엇을 하겠는가?

점수가 손상되지 않은 범위에 있다면 치료계획을 개발하는 일을 진행하라. 아마 구체적인 기억호소가 있을 것이고 당신의 치료계획에서 그것에 주의를 기울일 가치가 있다. 게다가 인지검사가 거의 손상이 없다고 시사함에도 불구하고 회기 중에 인지적으로 중재되는 사상, 즉 제시된 정보를 재빨리 이해하는 데 수다스러움이나 어려움 같은 것이 발생할지 모른다. 우리는 상담전략에 관한 장에서 좀 더 깊이 있게 이런 문제에 대해 말할 것이다. 비손상이나 경미한 손상을 시사하는 점수는 내담자에게 "어르신은 정신이상이 아니에요."라고 안심시키기 위해 사용될 수도 있다.

점수가 인지손상을 시사하는 범위에 속하는 사람은 어떤가? 당신은 뭔가 잘못됐다는 의심 없이 검사하지는 않기 때문에 당신이 검사한 사람의 태반이 그런 사람이다. 기본적인 의문은 '손상이 너무 심해서 광범위하고 언어상의 심리치료가 너무 큰 도전이 될 것 같은가? 이다.

그렇다면 내담자의 의사와 의논해도 된다는 승낙을 얻는 동시에 철저한 치매검사를 받도록 시도할 것이다. 나는 대부분의 노인이 그러한 타협에 수용적이지만 아주 소수는 경계하거나 방어적이어서 사례에 맞는 특별한 전략이 요구된다는 것을 알았다.

예를 들어 아프리카계 미국노인 한 사람은 이것이 자기의 돈을 뺏으려는 책략이라고 염려했다. 본질적으로 그는 그의 자녀들이 자기를 공공연히 무능하게 만들려고 노력하고 있어서 자녀들이 그의 재산을 통제할 수 있다고 느꼈다. 내가 평가를 주선하는 데에 자녀 중 한 명과 접촉한 적이 있기 때문에 그는 나의 의향을 경계했다.

나는 그에게 "저는 어르신이 저를 만나는 것에 대해 얼마나 염려하실지 알 수 있습니다. 그러나 저는 어르신이 가장 관심 있으실 것 같은 그 일을 하는 게 아니고 이 평가의 결과에 아무런 이해관계가 없다는 것을 보장할 수 있습니다." 더 많은 확신과 정보로 그의 걱정은 완화되었다. 그러나 내가 아닌 다른 임상가가 평가한다는 조건하에서만 그랬다! 분명히 나는 그의 모든 의심을 줄이지는 못했다.

우리는 다음 장에서, 특히 상담전략을 논의하는 데에서 인지상태라는 주제를 다시 볼 것이다. 이제 건강상태의 평가를 보자.

건강상태

노인과의 첫 회기 동안 건강상태를 평가하는 것은 정보를 모으고 진단과 치료에 대한 건강상태의 관련성을 결정하는 과정이다.

노인에게 만성질환이 없기는 드물다. 자주 발생하는 장애는 파킨슨병, 심장 혈관 질환, 관절염, 호흡기 질환, 뇌졸중, 통증, 실금, 소화 장애 그리고 당신이 생각할 수 있는 그 밖의 어떤 것이다.

예를 들어 나는 심각한 심장 부정맥이 있어서 체내삽입제세동기로 통제하는 유럽계 미국노인과 작업한 적이 있다. 그는 상당한 수면장애와 주요우울로 고통 받았지만 허약한 건강조건 때문에 거의 향정신성 약물치료를 받을 수 없었다. 심리치료에서조차 만성적으로 거의 고갈되고 주의를 집중할 수 없어서 지지적인 작업 이상을 하는 것은 매우 어려웠다. 나는 그와 즐거운 활동(그는 와인을 즐겼다)을 하고 부정적인 생각이 그를 괴롭힐 때 간단한 오락 기법(그가 살았던 모든 집의 입구를 그리거나 지금까지 그에게 있었던 일 중에 가장 재미있었던 일 두 가지를 생각하게 하는 것)을 시행하면서 그와 열심히 작업했다. 그는 나중에 내게 말하기를 이 두 기술이 그의 가장 어두운 순간을 벗어나는 데 도움이 됐다고 했다.

다른 경우로, 관절염 질환은 임상적인 어려움을 가져온다. 뇌졸중이 있었던 내담자는 심리치료를 어렵게 만드는 언어상의 어려움이 있다. 연령과 관계된 합병증도 많다. 우리의 과제는 치료동맹을 촉진시키기 위해 필요한 조절을 하는 것이다.

의학정보 모으기

그래서 이것이 첫 회기와 무슨 관계가 있을까? 내담자에게서 의학정보를 모으는 것은 치료계획을 세우고 치료동맹을 구축하는 데 필수적이다. 노인이 경험하는 전형적인 건강문제를 인식하거나 그들의 문제에 대해 더 배우는 데 흥미를 보이는 것은 내담자에게 상담자의 능력과 관심의 정도를 나타낸다. 마찬가지로 피곤한 내담자와는 회기시간을 짧게 함으로써 민감성을 보여 주고, 관절염 내담자는 첫 만남을 마룻바닥에서 하고, 충혈성 심장마비 때문에 숨이 가쁜 내담자에게 휠체어를 제공하는 것은 모두 라포를 확고히 하거나 향상시킨다.

나는 솔직한 방법으로 건강상태에 대한 정보를 부지런히 모은다. 나는 내담자에게 "어르신은 어떤 건강 문제를 경험하고 있습니까?" 그리고 "지금 어떤 약물치료를 받고 있습니까?"라고 묻거나 이 질문을 가족 성원에게 한다. 나는 종종 이런 질문에 대한 반응의 복잡성 때문에 압도당한다.

약물치료에 대해 묻는 것은 또한 물질사용의 패턴을 결정하는 좋은 기회다. 나는 "어르신은 어떤 종류의 알코올 음료를 즐기십니까?" 그리고 "마실 때 얼마나 많이 마시나요?"라고 묻는다. 알코올의 사용은 처방약물이나 OTC 약물과 상호 영향을 줄 수 있음을 기억하라. 복합약물의 효과와 물질 사용 상호작용을 이해하기 위해 처방 약물이나 조제학에 관한 참고서 보기를 추천한다.

대개의 경우 내담자의 의사와 협의하는 것이 적절하다. 나는 또한 의사와 협의하면 의학적 장애나 그 치료가 내담자의 제시문제에 어떻게 관련되는가에 대해 배우는 좋은 기회가 된다는 것을 발견했다. 대부분의 내담자와 의사는 그러한 협력작업을 환영한다. 여기 내가 첫 회기에 묻는 질문의 예가 있다.

- "파킨슨병이 어르신의 일상 활동에 얼마나 영향을 줍니까? 어르신은 그 병 때문에 복용하는 약물의 부작용을 경험하십니까?"
- "어르신이 경험했던 뇌졸중의 크기와 위치를 들어본 적이 있습니까? 뇌졸중 후에 우울해지셨습니까? 뇌졸중 때문에 무슨 약물을 복용하고 계십니까?"
- "어르신은 관절염을 얼마나 오래 앓으셨습니까? 그것이 어르신께 얼마나 영향을 줍니까? 수면을 방해하나요? 소염제나 진통제나 수면제를 복용하고 계십니까?"

노인이 종종 경험하는 질환에 대한 구체적인 정보는 이 장의 범위 밖에 있다. 그럼에도 불구하고 노인 내담자에게 가장 효과적인 심리치료전문가가 되기 위해서는 질환과 그 치료에 대해 아는 것이 필요하다.

사회적 지지의 필요성

해를 거듭하면서 나는 점점 사회적 지지의 중요성을 의식하게 된다. 노인 내담자에게 사회적 지지체계는 나쁜 영향에 대한 완충기이며 회복 촉진제다.[6] 당신도 아는 바와 같이 사회적 지지는 가족뿐만 아니라 종교단체, 클럽, 이웃, 친구, 전문가가 해 준다. 또한 이 주제에 대한 연구[7]에는 확인된 사회적 지지의 유형이 있다.

- 정서적 지지(이해와 공감 제공)
- 도구적 지지(필요한 일로 원조)
- 정보적 지지(정보와 조언 제공)

여기 내가 이런 각각의 분야를 탐색하기 위해 제기하는 질문이 있다.

- "어르신이 외로울 때 이야기할 수 있는 사람이 있습니까?"
- "어르신이 뭔가를 할 수 없을 때 도와달라고 요청할 수 있는 사람이 있습니까?"
- "어르신이 좋은 조언을 기대할 수 있는 사람이 있습니까?"

사회적 지지는 만약 사람들이 주제넘게 나서거나 지배한다거나 자기들의 이권을 추구하면 긍정적이지 않게 된다. 이런 현상은 모순어법으로 '부정적 사회지지'라고 한다. 노인과 상담할 때 그들이 받는 사회지지 유형을 알고 긍정 및 부정적 사회지지의 균형을 알아야 한다.

진단

첫 회기를 종결할 때 대부분의 임상가는 적어도 잠정적인 진단을 내릴 준비가 되어 있다. 나는 사실상 복수인 진단(diagnoses)이라는 말이 적절할 때, 즉 정신장애들이 동시에 나타날 때라도 단수인 진단(diagnosis)이라는 말을 사용한다. 많은 임상가처럼 나는 진단에 대해 양가적이다.

그럼에도 불구하고 내가 일을 할 때 양가감정이 소용돌이친다. 최근까지 나는 대학원 과목으로 정신병리를 가르쳤는데, DSM-IV[8]가 교과서로 포함되었다. 나의 연구 프로그램 중에는 신뢰할 만한 우울증후군 진단을 이끌어 내려는 힘든 시도가 있는데, 여기에는 60여 년간의 대략적이고 회고적인 보고에 기초한 일생의 우울 발생률을 포함하고 있다. 마지막으로 나는 외래환자 치료의 한 부분으로서 보험업자와 내담자에게 진단을 제공한다. 요컨대 비록 내가 양가적이라 해도 전문적인 활동은 진단적 범주화를 실행하도록 몰고 간다는 것이다. 그러므로 나는 먼저 노인을 진단하는 것의 장점을 지적하고 그다음, 문제점으로 끝맺음하겠다.

장점

진단의 근본적인 기능 중의 하나는 의사소통을 증진시키는 것이다. 만약 내가 당신에게 내담자의 망상장애 증거를 말한다면 당신은 즉시 그 내담자에 대해 뭔가를 안다. 진단은 정신건강전문가들 간에 그리고 건강관리 훈련에 있어서 전문적인 의사소통에 유용하다. 예를 들어 내가 노인 내담자에게 서비스를 제공하는 일을 함께 했던 일차 진료 의사들은 의료모델 질병분류학에 특히 편안해 보였다. 예를 들어 '불완전 관해에서 재발성의 주요 우울 에피소드'라는 말을 쓰거나 구두로 의사소통하는 것이 가장 완고한 진단 팬을 인식시키기에 확실하다(그것이 정확하다면 훨씬 더 그렇다). 나는 DSM 시리즈가 연구와 전문적인 의사소통을 촉진시킨다는 점에서 아주 유용한 서비스를 해 오고 있다고 생각한다.

전문적인 의사소통이 진단의 유일한 기능이라면 나의 양가감정은 훨씬 더 깊어질 것이다. 그러나 나는 진단 또는 더 적절하게 말해 진단 라벨이 일부 노인 내담자에게 굉장한 위안을 준다는 것을 보아 왔다. 나는 최근에 성인기 내내 신경과민으로 고통 받아 온 67세의 유럽계 미국인과 작업했다. 그는 자기의 문제를 이렇게 기술했다. "내가 뭔가 하는 것을 누군가가 보고 있을 때 내 몸이 부들부들 떨리고 혈압이 올라가요. 마치 내가 내 신용카드를 사용할 때 서식에 서명하는 것처럼요." 그의 불안은 청중 앞에서 말해야 할 때 특히 심각했다. 설상가상으로 그가 교회에서 봉사하는 동안 말해야 한다거나 혈압이 올라갈 것을 알면 며칠간 걱정하고 애를 태우곤 했다. "만약 내가 교회에서 뭔가 말을 해야 한다는 것을 알면 난 아마 그날 가지 않을 겁니다."라고 그가 말했다.

그때 나는 그에게 "저는 어르신이 우리가 불안장애라고 부르는 것을 경험하고 있다고 매우 확신합니다. 사실 저는 진단이 아마도 사회공포증이라 생각합니다. 여기에 이런 문제를 기술하는 증상이 있습니다."라며 정보를 주었다. 내가 그에게 사회공포증 기준을 암송하자 그는 그 기준이 자기 문제와 너무 잘 맞아떨어져 놀라는 것 같았다. 그건 마치 짐을 더는 것 같았다. 그는 그의 문제를 지난 50년 넘게 몇몇 건강관리 전문가와 공유했지만 어떤 진단도, 더 중요한 건 어떤 치료도 제공되지 않았다고 지적했다. 그는 "나는 전에 이 문제를 사람들에게 말했지만 그들은 단지 내게 걱정하지 말라고 했어요."라고 말했다.

게다가 그는 자기가 호소를 거부당하게 말하는 것처럼 느꼈다. 그는 그의 사회불안의 역사에 맞게도 내가 그의 문제를 '정상적'(더 나쁘게는 '미치거나 멍청한')으로 처리해 버릴까 봐 걱정했다. 그것은 마치 그의 고통에 이름을, 전문적인 라벨을 붙이는 것이 해방의 원천인 듯했다. 나는 그가 자기 자신에게 생각하는 것, 즉 '드디어 누군가가 내 문제를 이해했다.'는 것을 거의 들을 뻔했다. 이 내담자는 또한 많은 다른 사람이 자기와 매우 유사한 문제를 가지고 있고, 경험적으로 지지되는 심리사회적 치료가 있고, 진심으로 이 싫은 골치 덩어리에 대해 알게 된 것을 알고 안도했다!

나는 만성 기분부전장애나 심지어 주요우울로 시달리는 노인 내담자의 경우에도 유사한 이야기를 본 적이 있다. 수년간의 불편은 그들이나 다른 누군가가 그들의 문제에 이름을 붙이고 치료했더라면 피할 수 있거나 적어도 줄일 수는 있었다.

첫 회기 말미에서 임시진단을 하는 것은 내가 그렇게 할 수 있었던 거의 모든 경우에서 긍정적이었다. 초기 진단을 할 때 나는 DSM 기준을 주의 깊게 조사해서 나의 내담자가 진단과정에 한몫 할 수 있게 하는 것이 도움이 된다는 것을 발견한다. 때로 이것이 첫 회기에서 불가능하기도 한데, 이는 다른 일들이 일어나서 시간적 압박감을 느끼거나 단순하게 진단을 할 수 없기 때문이다. 심리치료에 대한 나의 접근은 아주 협력적이고 심리교육적이다. 그래서 내가 진단을 결정할 때 내담자를 포함시키는 것은 이런 자세와 일치된다. 내담자의 전형적인 반응은 "예, 제가 바로 그래요."이다.

내가 첫 회기에 내담자에 대한 진단을 내리는 마지막 이유가 있다. 심리치료 연구에 관한 문헌은 특수 장애를 위해 경험적으로 지지되는 치료를 임상가에게 점점 제공하고 있다.[9] 이런 치료는 매뉴얼이 있어서 실행 방법을 안내하고 구조를 제공한다. 예를 들어 나는 우울한 노인을 치료할 때 Elizabeth Yost와 그 동료들이 개발한 인지행동치료 매뉴얼[10]을 사용한다. 나는 이 책을 저술하면서 노인의 범불안장애 치료를 위한 매뉴얼[11]을 사용하고 있다. 나는 왜 이렇게 순환적인 재창조를 할까?

당신이 모든 것을 낙관적으로 생각하지 않도록 진단을 내리는 것이 항상 순조롭지는 않다는 것을 설명하겠다. 진단이 덜 긍정적이었던 경우는 인지적 손상과 관련된다. 대부분의 내담자와 가족 성원은 인지적 결함을 잘 인식하지만 소수의 경우에는 인지적 결함을 부정하는 가운데 가족과 작업했다. 예를 들어 자기 아버지가 일생 동안 성질이 고약했기 때문에 인지손상인 '척한다'고 믿었던 한 가족을 나는 기억한다. 내가 첫 회기에 관찰한 바로는 실질적인 손상, 달리 말해 중등도의 치매였다. 나의 진단적 인상과 평가를 더 받으라는 추천은 가족과 잘 작용하지 않았다. 가족에게 진단을 내려주어 긍정적인 경험을 하지 못한 일이 조금 있긴 하지만 나는 당신이 내담자와 이런 정보를 공유하기를 권한다. 그들은 이런 정보를 얻을 만하다는 것이 내 믿음이다.

단점

제3의 당사자, 즉 보험업자에 의해서 진단하고 치료할 때 나에게 진단은 불결한 일이 된다. 진단이 꼭 맞지 않거나 그런 진단을 하는 것이 재정적인 것 외에는 이득이 없을 때에도 진단을 내리고 있는 나 자신을 자주 발견했다. 이것이 현실이다. 자, 현실세계에 온 것을 환영합니다. 그런가? 글쎄, 나는 여전히 그런 면을 좋아하지 않는다.

예를 들어 나는 'V' 코드의 진단이 정확하지만 딱 들어맞지는 않는 노인과 작업한 적이 있다. V 코드는 '임상적 주의의 초점이 될 수 있는 다른 조건'이고 이는 관련 문제, 사별, 인생의 단편문제와 같은 이슈를 포함한다. 문제는 이런 코드가 때로 '의료 조건'으로 간주되지 않거나 하찮은 일로 여겨진다는 것이다. 이러한 환경에서 임상가는 때로 적응장애나 그럴 듯해 보이게 '달리 구체화되지 않는' 장애로 진단 내린다. 나는 이러한 후자의 진단이 실제적으로 내담자와 동료 모두에게 전달력이 없다는 것을 깨달았다. 이는 나의 많은 동료가 '내가 형식상으론 이렇게 분류하지만 실제 작업은…'이라고 생각하게 한다.

내가 보기에 진단의 또 다른 부정적인 단면은 비밀보장과 관련된다. 내가 함께 작업했던 소수의, 단지 소수의 노인이 그들의 정신건강진단에 대해 다른 사람들이 아는 것을 정말 불편해했다. 그 '다른 사람들'에는 보험 영업소, 전직 및 현직 고용주, 정부, 내과 스태프가 포함된다. 내담자의 염려는 진실하고 실재하기 때문에 이런 걱정이 근거가 있는지 여부는 문제가 아니다. 이런 상황이 발생하면 나는 내담자의 생각하는 방식을 바꾸려 하기보다는 진단과 치료에 대한 정보가 내 사무실에서 한 번 떠나면 통제할 수 없다고 말한다. 또 그와는 반대로 나는 그들에게 지금까지 내가 비밀 유출로 내담자의 불평을 받아본 적이 없다는 것을 알려 준다. 나에게는 이런 일이 결코 일어나지 않았지만 일부 동료들은 어떤 내담자가 현금을 지불해서라도 자기들의 정보를 건물에 남겨두지 않기를 바라는 상황이 있다고 말한다. 현재까지 나의 내담자는 비용-이득률을 가늠해 보고 차라리 의료보장제도와 2차 보험업자가 지불하도록 하겠다고 결론 내렸다!

인지변화나 질환의 고통 정도는 내담자에게 제공되는 치료유형에 관계가 있기 때문에 초기 평가는 노인에게 매우 중요하다. 일반적인 정신상태 검사도구의 사용법을 알고 노인이 경험하는 일반적인 질환에 대해 알면 첫 회기 평가와 진단을 더 적절하게 할 수 있다. 이러한 영역에 대한 정확한 지식은 당신이 내담자와 생산적인 동맹을 맺는 데 가장 도움이 되는 치료적 자세를 취할 수 있게 한다. 이제 제4장에서 이 주제를 살펴보겠다.

 각주

1. Scogin, F., Storandt, M., and Lott, C. L. "Memory Skills Training, Memory Complaints, and Depression in Older Adults." *Journal of Gerontology*, 1985, 40, 562-568; Scogin, F., Prohaska, M., and Weeks, T. E. "The Comparative Efficacy of Self-Taught and Group Memory Training for Older Adults." *Journal of Clinical Geropsychology*, 1998, 4, 301-314.

2. Gilewski, M. J., Zelinski, E. M., and Schaie, K. W. "The Memory Functioning Questionnaire for Assessment of Memory Complaints in Adulthood and Old Age." *Psychology and Aging*, 1990, 5, 482-490.

3. Folstein, M. F., Folstein, S. E., and McHugh, P. R. "Mini-Mental State: A Practical Method for Grading the Cognitive State of Patients for the Clinician. *Journal of Psychiatric Research*, 1975, 12, 189-198.

4. Lawton, M. P., and Brody, E. "Assessment of Older People: Self-Maintaining and Instrumental Activities of Daily Living." *Gerontologist*, 1969, 9, 179-185.

5. American Psychological Association. "Guidelines for the Evaiuation of Dementia and Age-Related Cognitive Decline." *American Psychologist*, 1998, 53, 1298-1303.

6. Krause, N. "Life Stress, Social Support, and Self-Esteem in an Elderly Population." *Psychology and Aging*, 1987, 2, 349-356; Malone Beach, E. E., and Zarit, S. H. "Dimensions of Social Support and Social Conflict as Predictors of Caregiver Depression." *International Journal of Psychogeriatrics*, 1995, 7, 5-38.

7. Barrera, M., Sandler, I., and Ramsey, T. "Preliminary Development of a Scale of Social Support: Studies on College Students." *American Journal of Community Psychology*, 1981, 9, 435-447.

8. American Psychiatric Association. *Diagnostic and Statistical Manual of Mental Disorders*. (4th ed.). Washington, D.C.: American Psychiatric Association, 1994.

9. Chambless, D. L., and others. "An Updatw on Empirically Validated Therapies." *Clinical Psychologist*, 1996, 49, 5-14.

10. Yost, E. B., Beutler, L. E., Corbishley, M. A., and Allender, J. R. *Group Cognitive Therapy: A Treatment Approach for Depressed Older Adults*. New York: Pergamon, 1986.

11. Stanley, M. A., Beck, J. G., and Glassco, J. D. "Generalized Anxiety in Older Adults: Treatment with Cognitive Behavioral and Supportive Approaches." *Behavior Therapy*, 1997, 27, 565-581.

CHAPTER 4

동맹

다양한 지향점을 가진 심리치료전문가는 일반적으로 심리치료에 관하여 몇 가지 점에 동의한다. 그러나 거의 모든 사람이 동의하는 한 가지는 동맹이 성공적인 심리치료에 결정적이라는 것이다. 최근에는 이러한 주제에 대한 연구가 굉장히 증가해 왔고 그 대부분은 초기의 강한 동맹이 성공적인 치료결과의 가장 좋은 예언이라는 발견에 집중된다. 이 장에서 나는 노인 내담자와 생산적인 동맹을 맺는 몇 가지 방법을 고려한다. 첫 회기는 동맹 맺기에 관한 한 틀림없이 가장 중요하므로 동맹 맺기에 작용하는 첫 회기 전략에 대해 말하겠다.

동맹이란 무엇인가?

우리가 심리치료에서 동맹이라 말할 때 우리 대부분은 그것이 의미하는 일반적인 개념을 갖고 있다. 그럼에도 불구하고 이런 구성개념을 더 잘 인식하기 위해서 동맹의 일반적인 정의를 보는 것이 도움이 될 것이다. Louise Gaston[1]은 네 부분으로 정의했다.

1. 작업동맹 또는 치료에서 목적을 가지고 작업하는 내담자의 능력
2. 치료동맹 또는 치료전문가에 대한 내담자의 정서적 결속
3. 치료전문가의 공감적인 이해와 관여
4. 치료목표와 과업에 대한 내담자와 상담자 간의 동의

재미있게도 대부분의 연구에서 동맹에 대한 내담자의 시각은(치료전문가의 시각이 아니라) 치료결과에 대해 더 예언적이라고 지적한다. 즉

앞의 목록에 제시된 차원에 대한 내담자의 평가는 치료전문가가 평가한 것보다 더 향상을 예언하는 경향이 있다. 나는 우리가 치료동맹 평가에 겸손할 필요가 있다는 것을 상기하면서 이 정보를 제공한다. 왜냐하면 가장 잘 아는 사람은 내담자이기 때문이다.

그래서 우리는 첫 회기에 노인과 강한 동맹을 맺기 위해 무엇을 할 수 있을까? 이 장에서 나는 전이와 역전이뿐만 아니라 동맹의 정서적인 측면에 초점을 맞춘다. 상담전략에 대한 다음 장에서 작업동맹과 목표에 대한 내담자-치료전문가 동의라는 주제를 살펴볼 것이다.

동맹의 정서적 측면

첫 회기에서 당신이 노인 내담자와 개발한 정서적 결속은 치료의 최종적인 성공뿐만 아니라 당신이 심리치료전문가로서 경험하는 만족에도 중요하다. 당신과 당신의 내담자가 서로에게 긍정적인 감정을 느끼면서 첫 회기를 마치고 나올 때 기분이 좋지 않겠는가? 이와 반대로 내담자가 나에 대해 아주 긍정적으로 느낀다는 것을 확신하지 못하고 그 사람을 좋아하는 데 힘든 시간을 보내고 있을 때의 괴로운 불확실성을 나는 안다. 그러면 이제 동맹의 이런 중요한 요소를 조장할 수 있는 것에 대해 이야기하자.

존경

내담자에 대한 존경은 치료원칙이다. 이는 논의할 것도 없는 인간예절의 핵심인 것 같다. 우리는 어릴 때부터 어른을 공경하라고 배웠다. 그러나 우리에게 그와 반대되는 사회적 메시지 공세가 퍼부어진다. 심리치료전문가로서 우리는 이러한 메시지를 조화시켜야 한다. 치료전문가(일반적으로 내담자보다 더 젊고 권위 있는 자리에 있다)가 어떻게 내담자(일반적으로 치료자보다 더 나이가 많고 도움이 필요하다)에 대한 존경을 보여 줄 수 있을까? 앞서 말했던 대로 우리가 내담자에게 존경을 전달하는 한 가지 구체적인 방법은 내담자에게 '미스터', '미시즈', '박사' 또는 어떤 경우가 됐든 그 경우로 호칭하는 것이다. 어떤 점에서 대부분의 내담자는 덜 형식적으로 편안하게 불리기를 요청한다. 그러나 그것은 그들의 요청이 있을 때다.

존경을 표하는 또 다른 구체적인 방법은 노인 내담자가 처음 방문할 때 상담소에 도착하는 것을 보고 있다가 자동차에서부터 상담소까지 그들과 함께 걸어오는 것이다. 물론 모든 내담자가 차로 오지는 않는다. 사실 당신은 그들을 장기 관리시설이나 집에서 보게 될지도 모른다. 이런 상황에서의 존경은 내담자의 방이나 집에 들어가도 되는지 묻는 것으로 보여 줄 수 있다. 예를 들어 나는 요양원에 살고 있는 아프리카계 미국노인을 상담하고 있는 대학원생을 지도감독한 것을 기억한다. 우리는 그를 만나러 가기 전에 전화하는 일에 유의했다. 왜냐하면 그 내담자는 '특별한 방문자'가 도착하기 전에 그의 가장 좋은 옷을 입는 것이 중요하다고 느꼈기 때문이다. 치료전문가 훈련생은 그를 '미스터'라고 부르고 그의 방을 들어가기 전에 항상 노크했다. 이러한 비교적 작은 행동이 이 사람에게는 의미하는 바가 컸는데, 이 사람은 요양원 직원들의 행동 때문에 종종 권위가 떨어지는 것을 느꼈다. 그는 가냘플지는 몰라도 자존심이 있었다.

우리 상담소는 입구로 가는 데 계단이 있어서 우리는 보행이 불안정한 내담자를 돕는 데 유의해야 한다. 우리는 주차장에서 상담소로 또 상담소에서 주차장으로 걷는 것이 너무 먼 내담자를 위해 휠체어를 보유하고 있다. 이 글을 쓰자니 몇 년 전에 보았던 78세의 은퇴한 비서가 생각난다. 남편은 그녀 인생의 많은 시간을 돌보고 응석을 받아 주었는데, 그녀는 남편을 존경했다. 그의 예상치 못한 죽음은 파괴적이었다. 그녀가 계단을 내려가 그녀의 차까지 가는 데 내가 호위하고 그녀가 차 문을 닫을 수 있도록 그녀와 머무를 때 깊이 감사한 것을 기억한다. 나는 이러한 단순한 행동이 정서적 결속(Gaston 정의의 두 번째 부분), 즉 우리 관계에서 친밀하고 돌본다는 느낌을 만드는 데 큰 역할을 한다고 믿는다. 내가 차 문을 닫을 때 그녀의 진심어린 감사는 몇 시간이나 내 기분을 좋게 했다.

노인에 대한 존경을 전달하는 또 다른 약간 간단한 방법은 시간을 지키는 것이다. 나는 노인 내담자가 엄청나게 예민한 경향이 있고 사실상 그들이 늦게 오면 종종 원통해 한다는 것을 알아차렸다. 이러한 시간엄수는 의심할 바 없이 그들 동시대 사람들의 영향이지만 상호 지킬 만하다. 재미있게도 어떤 노인 내담자는 일부 병원에서는 지루하게 계속 기다렸는데, 상담회기는 제 시각에 시작된다며 기분 좋은 의혹을 표현하기도 했다. 지역사회 정신건강상담소에 오는, 종종 사회경제적인 지위가 낮은 노인 내담자의 경우에도 똑같다. 노인을 대기실에 앉아 있게 하면 피곤해질 뿐만 아니라 '네 시간은 우리 시간보다 덜 중요해.'라는 메시지도 받는다.

또한 우리는 준비하고 조직함으로써 존경을 보여 준다. 잠깐 다른 이야기를 하겠다. 지도감독자로서 나는 종종 치료전문가 훈련생이 쓴 노트를 확인한다. 대부분의 훈련생은 'SOAP'(subjective, objective, assessment, plans)형식이 학습을 돕는 데 유용하다는 것을 안다. 나는 대개 'SOA'를 세밀하게 조사하긴 하지만 'P'에 초점을 맞춘다. 다음엔 뭘 할 것인가? 당신(치료전문가 훈련생)은 그 사이에 무엇을 해야 할까? 첫 회기인 경우에 내담자에 대해 이미 알고 있는 것을 다루고 싶은 생각으로 준비하게 된다. 예를 들어 만약 내담자가 불안문제가 있다는 것을 알면 나는 적절한 경우에 사용하려고 첫 회기에 불안 검사지를 가지고 간다. 만약 내담자가 아마도 이완훈련이 이로울 것이라고 생각하면 노인이 두 번째 회기 전에 사용할 이완 스크립트나 이완 테이프를 가지고 간다.

계획을 하고 회기에 오는 치료전문가는 아주 명백하게 내담자에게 존경을 증명해 보이는 것이다. 노인은 특히 준비와 조직에 가치를 두는데, 이는 이러한 특성이 그 동시대 사람들 사이에서 우위를 차지하는 가치와 맞는 경향이 있기 때문이다. 앞서 언급한 바와 같이 계획은 노인 내담자를 돕고 회기의 흐름을 예상한다. 이렇게 하면 내담자와 치료전문가가 상담에서 해야 할 일을 계속 해 나가도록 하는 부가적인 이득이 있다.

능력

노인과의 작업을 준비하려면 당연히 노인에게 중요한 문제에 대해 식견을 갖추거나 배우고자 해야 한다. 이 책을 읽는 것은 당신이 노인과 작업하는 특권을 존중한다는 증거이다. 나는 첫 회기에 노화라는 문제에 대한 지식을 보여 줄 수 있을 때 동맹구축에 도움이 된다는 것을 안다. 예를 들어 내가 연령에 따르는 변화와 치매 간의 기억 차이에 관심이 있는 내담자와 논의할 수 있다면 나는 내담자가 나의 능력을 높게 평가한다는 것을 느낀다. 그것은 무릎 전문 정형외과의사든 높은 곳에 매달려 일하는 기계공이든 간에 우리가 전문가를 방문할 때 우리 모두가 똑같이 느끼는 확신감이다. 설사 당신이 전문가가 아니라 해도, 이 책의 대부분의 독자는 전문가가 아니겠지만, 기꺼이 배우고자 하는 것 또한 존경의 표시다. .

만약 노인이 오늘 첫 회기에 와서 췌장암의 2차적 증상인 우울을 제시한다면 나는 먼저 그에게 내가 그의 특수한 암에 대해 잘 모르지만 그가 아는 것을 듣고 싶다고 말하겠다. 그 다음 나는 그의 종양학자나 일차 진료 의사와 이야기하도록 허락을 받겠다. 그런 다음 그와 관련된 내용을 공부하겠다. 아마도 이는 합리적이고 당신이 어떤 내담자와도 하는 일이다. 하지만 좀 더 살펴보자. 당신은 세계 대공황에 대해 무엇을 알고 있는가? 당신은 1920년대와 1930년대의 생활조건과 양육실제에 대해 무엇을 아는가? 현대의 많은 노인이 자녀를 양육한 기간이었던 1950년대와 1960년대의 일반적인 도덕적 및 사회적 가치는 무엇이었나? 당신의 내담자가 당신을 가르치도록 하자. 그들은 일반적으로 자기의 경험에 대해 말하기 좋아한다. 라포 형성을 잘 하게 하는 것은 다음과 같은 질문이다. "제2차 세계대전이 어르신에게 어땠습니까?" 또는 "어르신의 부모가 어르신을 어떻게 양육하셨는지 말씀해 주세요." 또는 "1950년대에 쿠바계 미국인이 된다는 것에 대해 제가 알아야 하는 것이 무엇입니까?"

나는 노인과 작업하는 사람은 어느 정도는 역사가이어야 한다고 들었고 나는 그것이 사실이라고 생각한다. 노인에게 독특한 문제를 바르게 평가하려는 의미 있는 노력이 존경과 능력의 강한 메시지를 보내고 치료적 결속을 개발하는 데 기여한다는 것은 의심할 바가 없다.

공감적인 의사소통

내담자의 말을 경청하는 것, 진실로 경청하기는 심리치료에서 기본적인

과정이다. 경청함으로써 우리는 공감을 개발 및 공유하고, 홍미를 보이고, 내담자를 괴롭히는 것과 그것이 어떻게 좋아지기 바라는지를 이해하고 있음을 증명할 수 있다. 그래서 경청은 동맹구축에 필수적인 과정이다. 만약 우리가 치료전문가로서 경청하고 있다면 그것은 누군가가 말하고 있다는 뜻이다. 그건 바로 내담자다!

첫 회기 동안 내담자는 자기 이야기를 하고 치료전문가는 이해하고 있다는 것을 확인하는 데 많은 시간을 보낸다. 적극적 경청은 공감적 공명이 쌓아올려지는 기초적인 받침대이다. 내담자가 당신과 공유하는 내용과 감정을 당신이 이해하고 있음을 의사소통한다는 것은 내 견해로는 치료동맹을 위한 필수조건이다. 공감적 경청은 고령노인과 초고령 노인에게 특히 중요할지 모른다. 이런 사람들은 그들의 말을 정말로 듣는 사람에게 익숙하지 않을 수 있다. 왜냐하면 그들은 의사소통을 어렵게 하는 감각손상이나 인지손상이 있을 수 있기 때문이다. 대부분의 사람이 하지 않을 때 당신이 누군가와 의사소통한다면 치료전문가로서 당신은 굉장한 존경을 보여 주는 것이다.

예를 들어 나는 한 훈련생이 62세의 제2세대 독일계 미국인 남자 내담자를 처음으로 만나고 있는 사례를 지도감독한 적이 있다. 내담자는 예전처럼 외출할 수 없는 좌절에 대해 말하고 있었다. 이는 그의 아내가 심한 치매였고 하루에 36시간 일했기 때문이었다(치매환자를 돌보는 사람의 작업 부하에 대한 적절한 기술). 치료전문가는 "힘드시겠어요. 어르신은 틀림없이 외로우시겠네요." 그 내담자는 그 순간에 마음에 사무치는 정서적 정화를 경험했다. 그의 치료전문가는 다른 사람들이 지각하지 못했거나 그와 공유할 수 없었던 방식으로 그를 이해했다.

의사소통 과정은 대부분의 노인 내담자에게 순조롭게 진행되지만 어떤 사람의 경우에는 계획에서 빗나갈 수 있다. 당신은 아마 그것을 경험해 보았을 것이다. 노인은 뭔가에 대해 당신과 이야기하는데, 또 다른 이야기, 또 다른 이야기를 자꾸 하게 된다. 나는 노년심리학의 개척자 중 한 사람인 Powell Lawton[2]이 이것을 처음으로 수다스러움의 문제로 기술했다고 들었다.

당신이 연세 드신 친척이나 이웃과 담소하고 있을 때 이 과정은 그리 큰일은 아니고 아주 솔직히 말하면 내용의 흐름을 따라가면 종종 가장 재미있는 이야기가 되곤 한다. 그러나 첫 회기에 이것이 문제를 제시할 수 있다. 예를 들어 나는 나 자신이 치료전문가로서 노인 내담자의 말을 연합 마디를 통과해서 듣고 있는 것을 발견했다. 어떤 시점에서 나는 말의 주제를 벗어났다는 것을 깨닫고, 우리가 지금 있는 곳과 가야 할 곳에 대해 약간 당황한다. 내 생각으로는 수다스러움을 관리하는 것은 동맹을 발전시키는 데 잔인하다. 우리는 이런 행동을 하는 내담자의 경향을 존중해야 한다. 왜냐하면 나는 그것이 근본적으로 인지 기능에 있어서 연령관련 변화의 결과라고 믿기 때문이다. 젊은이는 방해하거나 주의를 흩뜨리는 자극을 제지하는 억제 통제를 잘하는 반면, 노인은 억제과정이 감소하여 방해연합이 인지과정을 전환하는 대로 놔둔다.

예를 들어 당신이 "지난주에 어르신과 딸 사이에 일이 어떻게 되었습니까?"라고 묻는다. 내담자는 그 반응으로 "오, 내 딸은 매일 우리가 다니는 집 근처의 교차로에서 차 사고를 당했어요…"라고 말한다. 이 말은 이번에는 다음과 같은 말로 이끈다. "누가 또 다치기 전에 정말 뭔가 해야 해요. 나도 거기서 거의 사고가 날 뻔 했던 적이 많아요…" 그러면 이 말은 내담자의 안전한 운전 습관에 대한 토론으로 이끈다. "이젠 내가 더 이상 밤에는 운전하지 않기로 결정했다고 말했던가요?" 당신은 특별한 관계에서 일이 어떻게 되어 가고 있는지 호기심에서 출발했고 야간 운전의 어려움을 듣는 것으로 끝난다. 이 모든 것이 틈 없이 이어진다면 주의하라. 어떤 사람은 이것을 방어(그럴 수 있다)나 노인은 방문자가 없기 때문에 말하기를 좋아하므로 외로움으로 해석할지 모른다. 이 또한 그럴 듯한 설명이다. 그러나 인색하고 기본적인 설명은 인지적 억제의 파손이다.

나의 요지는 수다스러움이 근본적으로 불수의적 활동이라는 것이다. 이런 패턴을 보이는 내담자는 꽤 자주 그렇게 할 것이다. 이는 치료전문가로서 우리에게 욕구좌절을 줄 수 있지만 행동의 원인론을 명심하는 것이 중요하다. 반영적 코멘트로 부드럽게 방향을 바꾸도록 하는 것이 수다를 관리하는 데 유용한 전략이다. 내가 앞서 들었던 예에서 내담자가 안전하지 않은 교차로에 대해 말하기 시작할 때 그것은 방향을 고쳐야 할 신호이다. "자동차 범퍼가 구부러졌다니 안 됐습니다. 그 교차로를 어떻게 해야 되겠네요. 제게 이번 주 동안 따님과의 상호작용에 대해 말씀 좀 해 주세요." 나는 "따님 이야기로 돌아갑시다."라고 말하고 싶어지곤 하지만 이것이 나의 욕구좌절을 보여 주는 것 이상의 무엇이겠는가? 수다를 아직 잘 다루지 않는 첫 회기에는 인지적인 탈억제를 설명하지 않아야 한다. 그런 상황을 관리하는 인내는 동맹을 맺기 위한 긴 여정이다.

전이와 역전이

내담자와 치료전문가 간의 결속은 동맹의 극히 중요한 차원 중의 하나다. 이러한 결속의 발달을 돕거나 방해할 수 있는 두 가지 작용은 당신과 내담자가 서로에 대해 갖는 자동반응이다. 나는 이 절에서 전이(trans-ference)와 역전이(countertransference)라는 용어를 제한적으로 사용한다. 왜냐하면 그 용어는 심리분석적 문헌에서 특수한 기술적 의미를 갖기 때문이다. 나는 이 용어를 의식적이고 무의식적인 반응을 기술하는 데 사용한다. 사람들은 성격에 기초하여 자동적인 반응을 한다. 이러한 반응은 초기 대상관계(초기 아동기 동안의 1차적인 관계)와 어떤 관련이 있을지 모르지만 사회와 성인 상호작용에 의해 형성될 수도 있다. 노인과 첫 회기 작업에서 일어날 수 있는 반응에 대해 이야기해 보자. 전이부터 시작하자.

전이 : 내담자 반응

노인들 간에 가장 자주 논의되는 전이는 치료전문가를 그들의 성인자녀로 지각하는 것이다. 이는 노인 내담자와 그보다 어린 치료전문가의 외모 때문에 일어난다. 실로 내가 지도감독했던 일부 치료전문가 훈련생은 손자손녀-조부모 전이 같다고 느낀다. 나는 자극가가 감소함에 따라, 즉 당신의 나이가 내담자의 나이에 가까울수록 이 반응은 줄어들 것이라고 가정한다. 생각해 보니 예전에 내가 노인 내담자에게 리비도의 변화에 대해 질문했을 때 "네가 상관할 일이 아니란다, 애야."라는 말을 들었던 적이 있다. 시간이 20년을 지나면서 이런 경우는 빈도가 줄어들었지만. (으흠… 실례합니다. 제가 무슨 얘길 하고 있었죠? 아, 예, 전이군요.)

앞 장에서 말한 것처럼 노인 내담자와 성인자녀의 관계는 많은 문제의 중심이다. 그래서 이러한 전이반응의 결과는 다양하다. 예를 들어 내담자가 느끼기에 과도하게 참견하는 자녀가 있는 경우, 내담자가 수다스러울 때 본래의 주제로 돌아가도록 부드럽게 방향을 잡는 당신의 노력을 지각한다면 부정적인 전이반응이 일어날 가능성이 있다. 당신도 알다시피 이는 미세하고 묘하게 일어나고 있으므로 참여자 그 누구도 무슨 일이 펼쳐지고 있는지 자각하지 못한다.

최근에 내가 다루었던 사례에서 매우 유사한 일이 발생했다. 65세의 우울한 남성 내담자는 그의 42세 딸에 대해 매우 비판적이었는데, 그는 딸이 자기와 아내에게 충분히 관심을 기울이지 않는다고 느꼈다. 이 은퇴한 변호사는 종종 "우리는 딸에게 우리보다 더 나은 인생을 주려고 많은 희생을 했어요. 걔가 아주 바쁘고 우리에게 좀 더 시간을 할애할 수 없다는 데에 화가 나요."라고 말하곤 했다. 나는 회기 후반부에 "딸과의 관계를 개선하기 위해서 무엇을 기꺼이 하려고 하시나요?"라고 그에게 물었다. 나는 나 자신이 그의 마음속에 있는 딸과 융합되는 것을 거의 느낄 수 있었다. 부모에게 충분히 주지 못한 사람으로서 딸이 전적으로 잘못했다는 것에 동의하지 않은 채 내담자 당신은 그 상황을 바꾸기 위해 무엇을 할 수 있느냐고 질문한 셈이다. 그의 안색이 근엄해지더니 남은 회기시간 내내 나에게 약간 냉담했다. 불행하게도 나는 이러한 불화를 회복할 수 없었고 그는 더 이상 상담하러 오지 않았다. 돌이켜 보니 그와 견실한 관계가 형성될 때까지 이 질문을 하지 않고 기다렸으면 좋았을 텐데 싶었다. 그때는 순진했던 것 같다.

다행히도 전이반응에 대한 내 경험은 대개 긍정적이었다. 나는 전이가 첫 회기 반응일 때 특히 긍정적이라고 생각한다. 나의 아내도 임상노년 심리학자인데, 그녀는 첫 회기에 내담자가 자기를 딸로 반응하는 것을 알아채면 '동맹 고리(alliance hook)'를 건다고 내게 말했다. 동맹 고리라는 말은 고된 시간을 지나며 치료를 이끌도록 결속을 발전시키는 것을 내 방식으로 말하는 것이다. 내 경우엔 특히 내가 즐기는 역할인 '착한 아들' 일 때 나의 반응은 유사하다(나중에 보게 될 역전이에서 논의하겠다). 착한 아들이나 딸은 이 장의 앞에서 언급한 일을 한다. 즉 부모를 공경하고 시간을 잘 지키고 준비되고 유능하다.

이런 반응이 일어날 때 내담자가 치료전문가를 돌보고 있다는, 치료자를 양육하는 느낌이 자주 있다. 예를 들어 나는 내가 노인에게 좀 아픈 것 같다거나 내 아이들 중 한 녀석이 아파서 걱정되고 안쓰러워 눈물이 날 뻔했다고 말한 것을 회상할 수 있다. 치료전문가로서 나는 노인 내담자와의 관계는 부모와 성인자녀만이 가질 수 있는 특별한 관계의 속성으로 물든다고 느낀다.

이 긍정적인 전이반응은 동맹을 구축하는 데 큰 역할을 하고, 나는 첫 회기 동안 반응의 징후를 자주 보아 왔다.

- 당신의 가족에 대해 질문하기
- '계속되는 지각(遲刻)'에 대해 걱정하기
- 당신이 말을 더듬거나 뭔가를 설명하기 어려울 때 인내를 표현하기
- 치료목표에 동의하기
- 뚜렷하게 이완되기
- 솔직하게 노출하기
- 상황을 이해하는 것에 대해 당신에게 감사하기
- 다정하게 당신에게 손 뻗기

지지적이고 공감적인 관계는 많은 내담자의 생활에서 공허감을 채울 수 있다. 이는 사랑하는 사람을 잃었거나 구조화된 생활시설로 옮기는 사람에게는 특히 진실이다.

아, 이러한 반응에 위험도 있다. 내담자는 당신과의 관계를 너무 우정 같은 것으로 여기고(아들이나 딸과의 혈족관계) 전문적인 관계로는 충분치 않게 지각할지 모른다. 예를 들어 나에게 이리로 와서 함께 식사하자고 청하는 내담자가 몇몇 있었다. 한 노인은 자기 딸, 사위와 유람하자는 요청을 진지하게 했다. 나는 그녀에게 "감사하지만 그렇게 하면 제가 친구가 되어 버리고 더 이상 어르신의 치료전문가가 될 수 없기 때문에 아마 그건 좋은 생각이 아닌 것 같습니다. 치료전문가는 친할 수는 있지만 친구일 수는 없어요."(면허청은 이런 이중관계를 호의적으로 보지 않는다고는 언급하지 않았다.)

내담자는 또 상호 자기노출을 기대할지 모르는데, 이는 일반적으로 좋은 생각이 아니다. 예를 들어 내 부모, 누나와 경험하는 문제 상황에 대해서 나에게 묻고 내가 답하기에 적절하다고 느껴지는 것 이상으로 상황에 대해 더 구체적인 것들을 기대하는 내담자가 있었다. 나는 이렇게 반응한다. "그건 저에게 너무 초점이 맞춰지고 어르신과는 먼 이야기이기 때문에 너무 상세히 가는 건 제가 불편합니다. 어르신의 관계를 개선할 수 있는 방법에 대해 말씀 나누기로 하지요."

결국 내담자는 여분의 시간이나 전화통화 같은 특별한 고려를 기대하고 있는지 모른다. 내 경험에 의하면 일반적으로 이런 반응은 조작된 것이 아니라 상담자가 치료전문가인지 친구인지 경계가 뚜렷하지 않은 결과이다. 그 점을 염두에 두고 나는 "만약 뭔가 잘못되어 가고 있고 어르신이 정말 혼란스럽다면 어르신과 이야기할 수 있지만 그게 아니라면 우리가 약속한 시간에 대화를 계속하는 게 좋겠습니다. 저는 어르신과 이야기하는 것이 즐겁고 어르신이 저를 방문하고 싶어 하시는 걸 감사하게 생각합니다만 다른 약속이 있습니다."와 같이 말하는 것이 편안하다는 것을 발견한다. 이런 곤란한 사정을 적절하게 말하기 위해 우리는 바로 다음에 다룰 주제인 노인에 대한 우리의 역전이 반응을 직면해야 한다.

여담으로, 내가 노인 내담자에게서만 관찰하는 현상은 음식을 제공하는 것이다. 나는 노인을 위한 기억훈련 집단상담을 하고 있는 대학원생을 지도감독한 기억이 난다. 그 집단은 응집력이 컸고 그들의 지도자를 '착한 아들'로 보았다. 한 내담자가 회기에 블루베리 파이를 가져 왔고 대학원생의 안 된다는 대답을 단호히 거부했다. 우리는 입안에 침이 고인 채 파이를 바라보면서 그 파이를 어떻게 할 것인지 토론했다… 그런 다음 우린 그걸 먹어치웠다! 얼마나 맛있던지. 나는 그 학생에게 우리가 그 파이를 얼마나 맛있게 먹었는지 그녀에게 말하고 그러나 음식을 가져오지 않는 것이 아마 가장 좋을 것이라고 말하도록 격려했다. 그녀의 서비스는 충분히 보상받았다!

요약하면 노인들 사이에 전이반응은 일부 임상적 지식에 반대되는 방향으로 그들 자신을 나타내는 경향(치료전문가에게 부모처럼 반응하는 내담자)이 있다. 노인의 표현을 보면 그들은 치료전문가를 자신의 성인 자녀인 듯 반응하는 내담자가 되는 것 같다. 이는 대개 동맹구축에 촉매제이지만 저런 블루베리 파이를 조심해야 한다!

역전이 : 치료전문가 반응

내담자가 우리에게 자동적인 반응을 하는 것처럼 우리도 그들에게 자동적 반응을 한다. 전통적인 용어로 역전이 반응은 상담자가 내담자에게 초기 대상관계나 부모인 것처럼 반응하는 것을 중심으로 한다. 전이반응에 대한 도입에서 개설한 것처럼 나는 역전이를 내담자의 성격에 기초한 거의 모든 자동적 반응을 수반하는 것으로 개념을 더 넓게 사용한다. 역전이 반응은 동맹 구축에 장애가 된다는 것을 입증할 수 있으므로 주의 깊게 살펴볼 가치가 있다.

나는 이 장에서 '착한 아들'이라는 말을 사용한다. 나는 착한 아들(또는 딸) 반응을 역전이라는 말로 생각한다. 좋은 딸 역할을 하는 치료전문가는 노인 내담자를 공경하고 식견이 있고 겸손하다. 이는 의심할 바 없이 치료전문가의 좋은 특성이지만 내가 이 역할에 편안해한다면 고통스러운 주제에 직면하거나 탐색해 나가는 것이 더 힘들다는 것을 안다. 물론 이것이 노인 심리치료에서 유일한 것은 아니지만 우리가 착한 아들로서 누군가를 직면시키는 일을 의식하지 못한 채 꺼리게 됨으로써 악화될 수 있다. 결론을 말하자면, 관심 받는 것은 좋지만 우리가 착한 아들이나 딸이 되고 있을 때마다 우리의 반응에 대해 숙고하는 것도 중요하다는 것이다.

치료전문가의 또 다른 공통적인 반응은 노인과 작업하는 것이 지루하고 욕구좌절 되고 성공적이지 못하고 보람이 없다는 예상이다. 이런 반응은 노인은 모두 약하고 인지적으로 손상되고 대단히 난청이라는 지각에서 온다. 이런 믿음을 가진 치료전문가는 결코 노인 내담자를 선택하여 상담하지 않으려 하겠지만 그럼에도 불구하고 작업 환경은 그럴 수밖에 없을지도 모른다. 나는 대부분의 임상가가 노인 내담자에 노출하게 되면 부정적인 고정관념을 깨는 것을 관찰하지만 노출하지 않는다면 노인 차별적 태도는 유지된다.

여기 당신이 자신에게 물어볼 만한 질문이 있다.

- 노인을 상상해 보라고 할 때 어떤 이미지가 마음에 떠오르는가? 약하고 제한된 사람인가 아니면 적극적이고 활동하는 사람의 이미지인가?

- 당신은 당신 자신의 노화를 어떻게 보는가? 다소 두렵고 질색하는가 아니면 태연한가?
- 노인이 요양원에서 사는 비율이 높은가?
- 대부분의 노인은 삶의 질이 낮은가?

당신 자신과 그런 당신 속의 근원적인 믿음과 이미지를 검토하면 훈련과 지도감독을 통해 역전이 반응이 완화될지 모른다. 내가 나타낸 부정적인 반응 또한 우리가 치료전문가로서 알아야 하는 더 깊은 문제의 결과일 수 있다. 우리가 노인과 작업할 때 우리 자신의 미래의 불확실성을 직면하게 된다.

예를 들어 나는 불안하고 우울한 59세의 은퇴한 트럭 기사를 상담했는데, 그는 28세의 아들이 손자들을 보지 못하게 해서 아들과의 관계가 아주 좋지 않았다. 그는 이렇게 말했다. "나는 내 손자들을 사랑하고 그 아이들이 내가 자기들을 사랑한다는 걸 알았으면 좋겠어요. 나는 그 아이들이 지금 그걸 아는지 확신을 못하겠어요." 그는 이런 관계를 교정하려는 시도를 반복했지만 아들은 그러지 않았다. 내 내담자의 고통은 매우 뚜렷했다. 그는 심한 호흡기 문제 때문에 몇 해 살지 못한다는 것을 알았고 상실감과 불완전함을 깊이 느꼈다.

"나는 내가 아버지로서 아들에게 대단한 사람이 아니라는 걸 알지만 할아버지로서 더 나은 사람이고 싶어요. 내 인생을 더 좋게 느끼고 싶거든요."라고 말을 이었다. Erikson의 용어로 그는 절망했다. 나는 이 내담자에게 말할 때 내 인생 스토리도 이런 몹시 나쁜 곤경에 처하는 방식으로 전개되는 건 아닐까 하고 생각하는 나 자신을 종종 발견했다. 나는 그 아들에게 화가 났지만 나도 공감조율에 문제가 있다는 것을 알았다. 나는 나 자신이 '뿌린 대로 거둔 사람'의 결과에 대한 뭔가를 생각하는 것을 발견했다. 나는 지금-여기에 초점을 맞추어 나 자신에게 내담자가 경험하고 있는 고통이 생각나도록 했고 또 역전이 사고와 이미지를 경계하도록 신호를 주었다. 나는 내 아이들을 정당하게 다루도록 나 자신에게 서약했다. 내 내담자의 경우에 그가 편지를 쓰고 작은 선물을 보내는 것처럼 직접적인 접촉을 요구하지 않지만 그의 사랑을 손자에게 보여 줄 수 있는 방법으로 작업했다.

노인 내담자는 '우리 자신'의 노화에 대한 문제를 끊임없이 제시한다. 우리가 살고 있는 젊음지향적 문화는 나이 들어가는 것을 삶의 두려운 국면으로 생각하게 만든다. 만약 우리가 이런 점에 초점을 맞춘다면, 노인은 우리에게 우리 피부는 주름질 것이고 움직임이 둔할 것이고 친구가 죽는다는 것을 보여 준다. 참으로 노인 내담자는 우리가 죽을 것이라는 사실을 상기시킨다. 믿을 수 없을 정도의 친밀한 치료적 환경에서 이런 문제에 직면하는 것은 내가 추측하기로 치료전문가가 다루기를 거리끼는 것 그 이상이다. 치료에서조차도 치료전문가는 우리가 우리 자신의 노화를 고려함에 따라 뒤따르는 불편함 때문에 죽음이나 만성질환에 대한 논의를 피할지 모른다.

여기 당신 자신이나 당신의 지도감독자에게 물을 만한 두 가지 질문이 있다.

- 당신은 당신의 미래에 대해 낙관적입니까 아니면 비관적입니까?
- 당신은 당신의 인생과 지금까지 당신에게 남겨진 것에 만족하십니까?

이런 질문에 대한 답은 노인 내담자에 대한 역전이 반응을 통찰하도록 할 수 있다.

나는 노인과의 역전이 반응은 부모와 조부모 둘 다에 대한 것일 수 있다고 믿는다. 나는 치료전문가 훈련생들이 노인 내담자는 조부모, 종조부나 대고모, 그 외의 다른 연세 드신 친척을 많이 생각나게 한다고 말하는 것을 들었다. 나도 이런 반응을 알아차린다. 예를 들어 부업으로 사람 돌보는 일을 한 것으로 보이는 아프리카계 미국인 여자 내담자가 있었다. 이 경우는 비록 내 반응이 내 부모와의 경험에서 나온 것에 비교해 약하긴 하지만 그 내담자와 유사한 역할을 하는 내 친척에 대한 기억을 불러일으켰다. 나는 또 연세 높으신 친척과의 관계에 뿌리를 둔 대부분의 역전이 반응은 긍정적이고 때론 점점 그리워지는 경향이 있음을 알아차렸다. 그처럼 이런 반응은 그 자체로 첫 회기와 그 이후로 동맹구축에 기여할 수 있다.

그러나 본장에서 일찍이 언급한 대로 이런 긍정적인 감정이 치료활동을 혼란시키지 않도록 주의해야 한다. 내 고모, 엄마 또는 삼촌 같아 보이는 사람과 적절한 한계를 세울 수 있을까? 내가 노인 내담자의 역기능적 행동에 도전한다면 착한 아들의 자격을 잃을까? 내가 경시하는 감정없이 수다의 흐름을 방해할 수 있을까? 이것이 치료전문가로서 우리가 힘든 길을 걸어야 하는 환경이다.

연세 많은 친척과의 관계에서 일어나는 역전이 반응의 부정적인 면은 치료전문가가 맡아야 하는 역할의 수행 능력을 타협할 수 있다는 것이다. 예를 들어 건설적인 비평을 하거나 한계를 설정하거나 내담자보다 더 어린 치료전문가에게 맞지 않는 문제에 대해 내담자에게 조언하는 것이 어려울 수 있다.

연세 많은 당신의 친척 중의 한 사람에게 성생활에 대해 조언하는 것을 상상해 보라. 정말 그런 일이 있다면 나는 분명히 어색해 할 것이다. 나에게 성생활에 대해 묻는 노인 내담자의 기대는 아마 어떤 감정을 유발시킬 것이다. 이런 역전이 반응은 아주 일반적이고 작업동맹의 발전을 훼손할 가능성이 있다.

더 적절한 예는 수다스러움이다. 치료전문가는 초점을 유지하기 위해 부드럽게 그리고 때론 반복적으로 회기 동안 개입할 수 있어야 한다. 당신은 노인 내담자와 이렇게 하는 것이 더 어린 사람과 할 때만큼 편안한가? 아마도 아니라면 그것도 좋다. 왜냐하면 나는 주저하는 것이 노인에 대한 존경에서 나온 것이라 생각하기 때문이고, 이는 여러 점에서 촉진적인 경향일 수 있다. 주저하는 것은 '문제에 이르기' 또는 '뭔가를 완수하기'의 추진을 꺾을지 모르는데, 일부 내담자는 이를 치료전문가의 성마름이나 내담자에 대한 불만족으로 경험하는 경향이 있다. 어떤 경우에는 머뭇거림이 거부나 비평에 대한 두려움 때문이기도 하지만 이는 아마도 전통적인 역전이 반응의 결과인 것 같다. 내가 그런 두려움을 경험할 때 나는 치료전문가로서 비록 회피가 더 편안한 선택이라 할지라도 나의 내담자에게 최선이라고 생각하는 것을 하기 위해 책임과 특권이라는 말을 스스로 떠올린다.

그럼에도 불구하고 존경을 이유로 유능한 치료전문가의 책임을 다하지 않을 수는 없다. 능숙한 치료전문가의 특징은 공손한 주저와 같은 문제를 자각하고 그것을 공손한 행동으로 변화시키는 것이다. 예를 들어 노인이 옆길로 빗나가고 있다는 것을 자각할 때 당신은 무엇을 하는가? 당신은 "그 주제로 되돌아갑시다."라고 말하는가? 그건 약간 퉁명스럽고 공손한 주저와 일치되지 않는다. 아니면 노인의 독백이 처음의 주제로 돌아가길 희망하면서 5분간 들어 주는가? 그건 너무 공손하다. 나는 많은 지도감독생에게 그들의 내담자는 빗나가지 않고 주제 내에 있도록 도움을 필요로 한다고 말한다. "제 생각에 우리는 주제를 표류하고 있습니다. 어르신의 생각이 어르신의 슬픔을 어떻게 훨씬 더 악화시켰는지 그 문제로 돌아갑시다."라고 말하는 것이 좋다. 노인이 순환적으로 말하게 두는 것은 서비스가 아니다. 존경의 궁극적인 모습은 어려움에 처한 내담자를 돕는 것이고 이는 종종 우리에게 당황스러운 일을 하도록 요구한다.

이 장에서 사용된 동맹의 구성개념은 Louise Gaston과 그녀의 동료들에 의해 개발되었다. 그녀와 그녀의 동료들이 수행한 연구[3]에 대한 결론적인 문장은 이 장의 내용을 잘 요약해 준다. "다른 사람과 친밀한 협동적 관계가 된다는 느낌은 중요한 사람이나 능력이나 직업을 잃은 우울한 노인에게 특히 중요하다." 나도 이것이 진실이라 믿는다. 노인 내담자와 따뜻하고 협동적인 관계를 발전시키는 것은 아주 즐거울 수 있다. 그러나 우리는 더 힘든 상담과업을 하는 능력을 해칠 수 있는 역전이 반응을 자각해야 한다. 다음 장은 첫 회기를 위한 상담전략에 관한 내용이다.

 각주

1. Gaston, L. "The Concept of the Alliance and Its Role in Psychotherapy: Theoretical and Empirical Considerations." *Psychotherapy*, 1990, 27, 143-153.

2. Lawton, M. P. "Functional Assessment." In L. Teri and P. M. Lewinsohn (eds.), *Geropsychological Assessment and Treatment*. New York: Springer, 1986.

3. Gaston, L., Marmar, C. R., Gallagher, D., and Thompson, L. W. "Alliance Prediction of Outcome Beyond In-Treatment Symptomatic Change as Psychotherapy Processes." *Psychotherapy Research*, 1991, 1, 104-113.

CHAPTER 5

상담전략

상담전략은 노인을 심리치료하는 데 있어서 장애를 해결하는 방법이다. 첫 회기 상담은 심리치료의 기초를 형성하고 성공적인 치료의 열쇠가 된다. 이 장에서 나는 첫 회기의 수확을 최대화할 수 있는 의견을 제시한다. 앞 장에서 나는 노인과의 작업에 있어 인지기능의 중요성을 논의했다. 이제 나는 이런 연령에 관련된 인지변화를 보상할 수 있는 상담전략에 대해 말하고 싶다. 이 장에서 우리는 노인과 특히 관련된 주제, 즉 내담자에게 심리치료를 받도록 준비시키기에 대한 의견도 다룬다. 그리고 끝으로 가족 성원 포함시키기에 대한 생각을 언급할 것이다.

과정의 관리

나는 치료전문가가 계획이나 작업의 틀을 가지고 첫 회기를 시작하는 것이 중요하다고 믿는다. 나에게 작업의 틀은 제시문제에 대해 좋은 의견을 얻고, 선택할 수 있는 치료를 논의하고, 효력이 있을 것 같은 치료에 대해 오리엔테이션을 하는 것을 포함한다. 이런 영역을 탐색하는 속도를 관리하는 것은 노인과 작업하는 임상가가 직면하는 주요과업 중의 하나다.

속도

2년 전 나는 서던캘리포니아 대학의 임상노년심리학자이자 심리치료와 노화라는 주제에 대한 권위자인 Bob Knight의 발표회에 참석했다. 그는 말하는 동안 그의 특유한 문장력과 현명함으로 '과정을 빠르게 진행하기 위해 느긋하게 하라.' 라는 표현을 사용했는데, 이는 이 장을 포괄하는 참뜻이라고 하겠다. 이 현명한 말을 상세히 설명해 보자.

당신이 함께 작업하는 대부분의 노인은 어느 정도 작업기억 능력의 감퇴를 보인다(제1장에 상세히 기술되어 있다). 이는 제시되는 정보의 양뿐만 아니라 정보가 제시되는 속도가 조절되어야 함을 의미한다. 예를 들어 내가 동료와 말할 때처럼 똑같은 속도로 말하고 나면 노인에게 반복해서 이야기하거나 의미를 분명하게 다시 말하는 일이 발생하곤 했다. 만약 이런 경우가 여러 번 발생한다면 전체 과정은 손상 받을 수 있다. 따라서 나는 약간 느리게 말하고 덜 복잡하고 덜 복합적인 문장구조를 사용할 필요가 있다는 것을 잊지 않는다.

빠르고 복잡한 말의 패턴에 빠지기는 쉽다. 빠르고 복잡하게 말하지 않는 방법의 예로 이런 질문을 고려하라. "어르신이 이 문제에 대해 생각할 때, 어르신이 주무시러 가기 직전에 그리고 새 친구와 만난 뒤에 잠들거나 수면유지 하는 것이 이전보다 더 어렵습니까?" 이는 극단적인 예이지만 내 입에서 이와 유사한 말이 나오는 것을 들은 적이 있다. 이 경우에는 아래와 같이 말하는 것이 좋겠다.

"새 친구와 만나셨습니까?"
"그 후에 그 일에 대해 걱정하셨습니까?"
"그것이 이전처럼 어르신의 수면에 영향을 주었습니까?"

빠른 말이나 복잡한 구문은 주의를 더 많이 기울이고 작업기억 노력을 더 많이 들이도록 한다. 속도를 느리게 함으로써 당신은 사실상 더 많은 것을 한다. 천천히 단순하게 말하는 것은 인내와 자기훈련을 요구하지만 이득이 있다. 의미를 분명하게 하고 말을 반복하는 데 소요되는 시간은 내담자에게 관심이 있는 문제를 탐색하거나 임상적 판단을 위한 유용한 정보를 모으는 데 생산적으로 사용될 수 있다.

손상의 관리

상담을 최적화시키는 다른 방법이 있다. 예를 들어 청각손상은 종종 노인과의 의사소통을 하나의 도전으로 만드는 인지적 결함과 상호작용한다. 나는 볼륨을 약간 올리고(그러나 소리치지는 않는다) 저음을 올리라고 조언한다. 앞에서 말한 것처럼 말의 속도를 늦추고 분명하게 발음하라. 또 조명이 밝아서 내담자가 당신의 얼굴을, 특히 입을 선명하게 볼 수 있는지 확인하라. 개인 공간을 침해할 만큼 가까이는 아니지만 당신을 선명하게 볼 수 있을 만큼 가까이 앉아라. 이런 작은 것들은 청각 손상이 있는 노인이 가능한 한 의사소통의 운동적 국면 및 비언어적 국면을 많이 읽도록 도와준다. 또 인접해 있는 방에서 들려오는 목소리나 열린 창으로 들리는 교통소음과 같은 배경소음을 최소화하라. 노인은 소음에서 오는 신호를 덜 차별할 수 있다. 즉 바라는 자극을 덜 지각하고 바라지 않는 자극을 덜 억제할 수 있다. 내담자는 최적의 의사소통을 하기 위해 필요한 조절을 하도록 가르쳐 주지만 이는 오직 당신이 정교하게 그 과정에 맞춰 주어야만 가능하다.

또한 우리 상담소는 다중매체를 이용한다. 내가 말하는 다중매체는 대단한 것이 아니다. 우리는 종종 만날 예정일을 기록하고 주요한 요점을 표시하기 위해서 노인과의 회기에 이동식 칠판을 가지고 간다. 이는 내담자에게 기억 단서의 역할을 하고 주의를 기울여야 하는 짐을 덜어준다. 우리는 또 만일 내담자가 복사해서 집에 가져가고 싶어 하면 메모를 할 수 있도록 내담자에게 클립보드와 예정회기의 개요를 제공해 준다.

이는 아마도 인지행동치료(CBT : cognitive-behavior therapy)와 같은 구조화된 심리치료의 형태에서 후반 회기들에 더 적절하지만, 내담자가 감소된 인지 능력을 보상하도록 돕는다는 생각으로 하고 있다. 우리는 또 내담자가 그들이 원하면 집에 가서 다시 들을 수 있도록 회기의 녹음테이프를 준다. 테이프 리코더는 기계 장치이기 때문에 잘 보지 못하거나 민첩하지 않은 노인에게 좌절감을 낳게 할 수 있다. 작동 및 되감기 단추를 특정 색깔로 지정하여 알려 주고 당신이 그들을 보내기 전에 테이프 소리의 질이 좋은지 확인하는 것이 도움이 된다. 내담자에게 치료회기의 녹음테이프를 주는 것은 상담실의 신성함에 타격을 줄지도 모른다. 나의 답변은, 당신이 회상할 수 없는 것이라면 그건 크게 유익하지 않다는 것이다.

노인 내담자의 기억을 돕는 또 다른 방법은 좋은 교수법, 즉 예습·토의·복습하기이다. 예를 들어 만약 첫 회기에 내담자와의 치료계획에 따라 작업하기 원한다면 나는 이렇게 말한다. "자, 어르신을 돕기 위해 이것으로 우리가 할 수 있는 일에 대해 이야기합시다. 그렇게 한 후에 우리는 그것을 다시 검토할 것이고 그런 다음 어르신이 집에 계실 때 볼 수 있도록 그걸 적을 겁니다."

속도와 과정이라는 제목하의 또 다른 주제는 피로와 관련이 있다. 어떤 노인 내담자는 체질이 약하고 쉽게 피로하다. 어떤 사람은 심지어 당신의 사무실에 올 때까지 아주 지쳐 버린다. 이런 노인을 위해 이 장에서 나중에 취급하는 주제인 가정방문 상담을 고려할 만하다. 약한 내담자를 위해 회기시간을 더 짧게 하는 것이 선택되어야 한다. 피로가 시작되는 신호는 내담자가 피곤하다고 말하거나 이따금 조는 모습을 보임으로써 매우 분명해진다. 피로 때문에 회기를 더 짧게 할 필요가 있다는 신호 중에 좀 덜 분명한 것은 내담자가 민감해지거나 간단한 반응이 증가하는 것이다. 이런 상황에서 나는 일어나고 있는 일에 대한 나의 추측을 전달한다. "어르신, 좀 피곤해지시는 것 같군요." 그들이 그렇다고 답하면 나는 이렇게 말한다. "어르신이 피곤해 하시기 때문에 오늘은 그만하고 다음에 이어서 다시 시작하십시다."

나는 지방의 가정건강관리 수급자인 88세의 라틴아메리카 사람을 기억하는데, 그녀는 신체적으로 아주 약했다. 우리 치료팀(복지사와 나)은 그녀가 너무 피곤해서 계속할 수 없다고 말할 때까지 단 15분 동안 그녀와 있었다. 이 여인은 매우 아팠고, 그녀에게 스트레스가 되는 긴 상담을 견딜 수 없다는 것은 확실했다. 그럼에도 불구하고 그녀는 방문객을 받지 않았기 때문에 우리의 접촉은 그녀에게 의미가 있었다. 우리는 이렇게 말했다. "저희는 이제 갈 테니까 좀 쉬세요. 그렇지만 이틀 후에 다시올 겁니다." 그녀의 엷은 미소가 내 기억에 선명하게 남아 있다.

종종 가족 성원은 쉽게 피곤해지는 내담자를 다루는 데 적극적인 참여자가 되고 당신이 회기를 시작하기 전에 노인의 체력에 관해 당신에게 조언해 줄 수 있다. 첫 상담에 90분을 사용하는 경우가 많지만 이와 대조적으로 그런 내담자에겐 30분이 최적일 수 있다. 30분(또는 그 이상)에 많은 것을 하려고 애쓰기보다 나는 신중하게 천천히 하려고 하고 내담자의 한계를 존중하려고 노력한다. 기억하라, 과정을 빨리 진행하기위해 느긋하게 하는 것을.

지시적 대 비지시적 상담전략

심리치료에서 첫 회기는 그 이후 회기들의 기초가 된다. 내담자의 입장에서 "나는 내 치료전문가에게 말을 쉽게 할 수 있는가?" 그리고 "심리치료가 어떨 것 같은가?"와 같은 질문은 첫 회기에 대부분 답할 수 있다.

그런 평가가 이뤄지는 한 가지 차원이 심리치료전문가가 채택하는 상담 전략이다. 주요한 고려대상은 지시성이다. 지시성의 연속체 한 끝에는 구조화된 진단적 상담이 있는데, 진단적 상담에서 각 질문은 정해져 있고 사실을, 단지 사실만을 원한다. 다른 한 끝에는 내담자가 회기의 방향을 설정하도록 치료전문가가 조용히 기다리는 것으로 시작하는 상담이다. 이들 중 어느 것도 실제로는 발생하지 않는다(나는 발생하지 않길 바란다). 그러나 첫 회기에 사용되는 지시성의 정도에 관해 결정을 해야 할 필요가 있다.

나는 노인을 위해서 지시적인 첫 상담을 옹호한다. 나는 앞서 논의했던 대로 이야기하겠다. "무슨 작업을 하고 싶으세요?"와 같은 개방적이고 추상적인 질문은 인지적으로 완벽한 사색가조차도 의식의 흐름을 밝혀내야 하는 부담을 안긴다. 노인 내담자에 대한 상담방식은 대개 지시적인데, 특히 첫 회기에서는 그러하다. 이는 내가 앞서 제안했듯이 상담을 예정하고 덜 복잡한 질문을 사용하는 것과 같은 요령으로 유지된다. 현대의 노인은 지시적인 유형의 진가를 인정한다. 왜냐하면 이것이 의사-환자 관계에 대한 그들의 기대와 더 일치되기 때문이다. 이는 노인과의 심리치료가 일반적으로 지시적이라는 것을 암시하는 것은 아니다. 그보다는 치료전문가가 주로 안내하는 첫 회기가 대개 노인에게 더 편안하다는 것이다.

첫 회기의 일정

내가 노인 내담자와 첫 회기를 시작할 때 나는 말로, 때로는 칠판에 첫 만남을 위한 일정을 세밀하게 나열한다.

전형적인 경우는 아래와 같다.

1. 비밀보장의 한계
2. 상담을 하는 이유
3. 가능한 치료
4. 치료 오리엔테이션
5. 계획

나는 필요하다면 우리가 목록에 있는 것을 건너뛸 것이고 목록에 없는 것에 대해 말할 수 있다는 것을 내담자에게 알린다. 나는 우리가 급하게 진행하는 것을 원치 않기 때문에 오늘 이 모든 주제를 다루지 않을지 모른다는 것도 알린다. 나는 대부분의 노인 내담자가 이 정도의 구조에 고마워하고 그것을 자신이 보살핌을 받고 있다는 신호로 경험한다고 생각한다. 각각의 영역을 더 자세히 보자.

비밀보장의 한계

필요하지만 약간 불편한 이 주제는 내담자 동의 서식에 종종 포함된다. 그러나 나는 첫 회기를 시작할 때 간단하고 사무적으로 제시하길 좋아한다. 나는 노인 내담자에게 약간 더 느리고 낮은 목소리로 말하긴 하지만 그 내용은 젊은이에게 하는 말과 다르지 않다.

"우리가 시작하기 전에 제가 어르신께 어떤 정보를 알려 드리고 싶습니다. 여기서 우리가 하는 이야기는 우리만 압니다. 저는 다른 사람들에게 우리의 대화를 말하지 않습니다. 이것을 비밀보장이라고 합니다. 그러나 비밀보장에는 한계가 있습니다. 만약 어르신이 어르신 자신이나 다른 누군가에게 위험하다고 제가 믿으면 저는 우리의 비밀을 깨고 위험에 처한 사람이 누구든 그를 보호하기 위해 행동해야 합니다. 이와 관련해서 궁금한 게 있으신가요? 또 어르신은 어르신의 청구서를 지불해 줄 보험을 사용하실 거니까 저는 어르신의 진단명과 우리가 만나는 상담횟수를 노인의료보장과 어르신의 보험사에 제공해야 할 겁니다. 괜찮으시지요?"

내담자가 이 간단한 메시지에 문제를 제기한 적은 없었다. 그럼에도 불구하고 나는 이 메시지에서 이중의 곤경을 계속 느낀다. 즉 "저와 자유롭게 말씀하세요. 그러나 어르신이 하시는 말씀을 주의하세요."

비밀보장 한계에 관한 재미있는 형태가 노인 학대를 보고하는 법이다. 아동학대법과 유사하게 대부분의 주에서 치료전문가를 포함한 특정 전문가는 노인의 학대나 방임이 의심되는 경우 해당 당국에 보고하게 되어 있다. 노인 학대는 가족 성원이 저지르는 경우가 가장 빈번하다. 이는 학대자가 첫 회기에 노인과 함께 있을 수 있다는 것을 의미한다. 만약 회기에 내담자 외에 다른 사람이 참석한다면(배우자, 성인자녀, 인척) 모든 모임에 법적인 의무를 분명히 하는 것이 중요하다. 예를 들어 가족 성원이나 타인이 첫 회기에 있을 때 나는 이렇게 말한다. "여기에 있는 어느 누구에게 또는 이 방에 없는 다른 사람에게 어떤 해를 끼치거나 방임하는 일이 일어나고 있다고 제가 믿을 만한 이유가 있으면 그가 누구든 위험에 처한 그 사람을 보호하기 위해 행동을 취하도록 되어 있습니다. 여기에 대해 질문 있으세요?"

위기 다루기에 관한 다음 장에서 나는 노인을 학대하고 방임하는 상황을 어떻게 다루는지에 대해 말하겠다.

상담을 하는 이유

그 다음, 나는 내담자에게 "오늘 상담소에 어떻게 오셨습니까?"라고 묻는다. 사실 나는 "저는 오늘 어르신께서 치료를 하려고 하시는 이유를 충분히 듣고 싶습니다. 어르신의 의사와 간단히 이야기했습니다만 무슨 일인지 어르신의 말씀을 직접 듣고 싶어요."와 비슷한 말을 더 한다.

대부분의 내담자는 그것이 아주 분명한 출발점이기 때문에 이 질문에 대한 반응을 자세히 이야기한다. 어떤 노인은 어디에서 시작해야 할지 모를 수 있다. 이런 시점에 나는 이렇게 말한다. "괜찮습니다. 문제없어요. 아마 제가 도와드릴 수 있을 거예요. 어르신의 의사는 어르신이 신경과민이고 긴장한 것 같다고 했어요. 그 점에 대해 제게 말씀해 주실 수 있으시겠어요?"

내담자는 또 문제를 정의하기 어려울 수 있다. 그들이 행복하지 않다거나 불안을 느끼는 것을 안다고 해도 문제를 훨씬 더 구체화시키는 것은 힘들어한다. 예를 들어 우리가 관절염 조건을 줄일 수 없는 것은 사실이지만 노인이 이런 조건에 수반될 수 있는 통증이나 우울에 보다 효과적으로 대처하도록 도울 수 있다. 노인이 문제를 정의하도록 도울 때 우리는 우리가 도울 수 있는 방법에 대해 말할 수 있다.

가능한 치료

만약 제시문제와 진단에 대해 확고한 생각을 갖게 되면 나는 접근 가능한 치료에 대해 말할 수 있도록 회기 마지막 약 5분 정도를 예정해 둔다. 나는 매우 절충적인 심리치료전문가여서 어울리지 않는 것끼리 짝짓는

데에도 자유로움을 느낀다. 알기 쉽게 혼합불안-우울 장애를 경험하는 사람의 예를 들겠다.

"어르신은 우울 증상뿐만 아니라 신경과민과 걱정을 많이 하는 문제가 있는 것 같습니다. 또 이런 감정은 여러 가지와 관련이 있지만 많은 부분이 어르신이 제게 말씀하신 자금적인 부담과 관계있는 것 같아요. 제가 보기에 치료에는 두 가지 선택이 있습니다. 한 가지는 인지행동치료로 알려진 심리치료를 하는 건데요, 이 유형의 치료는 어르신이 말씀하셨던 것과 같은 문제가 있는 노인에게 효과가 있습니다. 제가 잠시 후에 더 충분하게 설명해 드리겠습니다. 또 다른 가능한 치료는 약물치료예요. 약물은 불안과 우울 증상을 줄이는 데 잘 듣습니다. 대부분의 의사는 약물치료와 심리치료를 결합하는 것이 가장 좋다고 추천하지요. 어르신이 관심 있으시다면 제가 의사와 의논할 수 있습니다."

대부분의 내담자는 치료에 대해 질문이나 의견을 가지고 있다. "나는 약물에 중독되고 싶지 않아요." 또는 "이게 얼마나 오래 지속되나요?" 나는 "이 약은 중독성이 없어요." 그리고 "일반적으로 심리치료에 서너 달 걸리고 약물치료는 아마 더 걸릴 겁니다."라고 이런 질문을 적절히 받아넘긴 후에 치료에 관한 오리엔테이션을 시작한다.

치료 오리엔테이션

앞서 제안한 일정의 네 번째는 일부 독자에게는 덜 친숙할 것이다. 치료 오리엔테이션이란 내담자에게 심리치료 과정에 대한 일반적인 정보를 제공하는 것을 의미한다. 예를 들어 치료전문가와 내담자의 역할, 치료 기간, 치료효과에 대한 정보 등이다. '역할 준비'에 대한 연구는 오리엔테이션을 받은 내담자가 치료를 덜 그만두는 경향이 있고 더 좋은 결과를 성취하는 것 같다는 것을 일관되게 보여 준다.[1] 대부분의 연구에서 오리엔테이션은 첫 회기 직전에 하고 인쇄물이나 비디오를 이용한다.

나는 나의 내담자와 제시문제에 대해 뭔가를 알고 나면 첫 회기에 오리엔테이션 하기를 좋아한다. 나는 이런 종류의 오리엔테이션이 노인에게 특히 좋다고 생각한다. 그들은 대개 정신건강전문가와 접촉을 덜 하는 집단이기 때문에 심리치료에 대한 정보에 덜 노출된다. 그들이 심리치료에 대해 성 탐색을 매우 강조한다거나 종교적 신념에 모순된다는 잘못된 개념을 갖고 있을 수도 있다. 이런 이유로 첫 회기에 약 10분 정도는, 예컨대 치료전문가는 듣고 그들이 이야기하길 바란다고 말하는 것을 진지하게 고려해야 한다.

나는 일반적인 오리엔테이션에서 다음과 같이 말한다.

> "저는 치료를 어떻게 할 것인지에 대해 단 2분만 말씀드리고 싶어요. 우리는 정규적인 스케줄에 맞춰 아마 주 1회, 회기당 약 1시간 만날 겁니다. 회기 중에 어르신과 저는 어르신이 문제로 확인한 것에 대해 이야기합니다. 예를 들어 우리는 앞 회기에서 논의했던 것을 실행하는 방법에 대해 말할 수도 있습니다. 어르신이 말씀을 많이 하실 것이고 저는 많이 들을 거예요. 우리는 문제를 호전시키는 방법을 함께 찾아갈 텐데요, 어르신 쪽에서 노력을 하시게 될 겁니다. 치료에 대해 질문 있으세요?"

회기 끝 무렵에 오리엔테이션을 수행하면 앞으로 적용할 치료에 맞추어 할 수 있다. 예를 들어 만약 내가 인지행동치료가 바람직하다고 믿으면 나는 협력적 경험주의(사고패턴의 타당성에 대한 정보를 얻기 위해 함께 작업하기)에 대한 정보를 제시하고, 과제를 할당하고, 오리엔테이

선의 일부로 심리교육을 할 수 있다. 만약 대인관계 치료가 바람직해 보인다면 우리는 현재 관계의 어려움에 초점을 맞추고 문제를 풀려고 시도할 것이라는 정보를 내담자에게 줄 수 있다. 대부분의 심리치료 매뉴얼은 특수한 치료에 대한 오리엔테이션을 어떻게 수행하는지 그 방법을 나타내는 단면도가 있다. 내가 본 중에 가장 좋았던 것이 노인 우울을 위한 CBT[2]에 대한 오리엔테이션이다. 혼합불안-우울이 있는 노인이 있다고 가정하면 그를 위한 나의 오리엔테이션은 이 모델에 기초를 둔다.

"자, 제가 추천하는 치료에 대해 이야기해 봅시다. 이것은 CBT라 불리는 건데요, 제가 어르신에게 그렇게 불리는 이유를 보여 드릴 겁니다. [칠판 또는 메모장에 그림 5.1.을 그린다.]"

"CBT는 우리가 어떻게 생각하느냐가 우리가 어떻게 느끼고 반응하는지에 영향을 미친다는 생각에 기초를 둡니다. 이 네 가지 영역은 서로 관련되어 있어요. 예를 들어 건강 측면은 우리가 어떻게 느끼느냐에 크게 영향을 미칩니다. 어르신이 마지막으로 감기나 독감이 걸렸던 때를 생각해 보세요. 기분이 어떠셨어요? 네, 아주 초라해요. [건강과 정서 간에 선을 연결한다.] 자, 어르신은 아플 때 어떤 생각을 하시지요? 예를 들어 어떤 사람들은 결코 차도가 없거나 심지어 죽을 거라고 생각할지 모릅니다. 어르신은 이런 생각이 어르신의 행동에 어떻게 영향을 미친다고 생각하십니까? 그리고 기분이 어떠세요? [네 가지 모든 영역이 연결될 때

그림 5.1 ■ 인지행동치료 오리엔테이션

까지 이 활동을 계속한다.] 자, 이제 어르신은 우리가 어떻게 행동하고 생각하고 느끼고 신체적으로 반응하느냐가 서로 연결되어 있는지를 알 수 있습니다.

대부분의 사람은 정서적으로 기분이 좋지 않기 때문에 치료하러 옵니다. [그림에서 이를 나타낸다.] 어르신도 근심되고 우울해서 여기에 오셨지요. 불행하게도 제가 어르신의 기분을 직접적으로 변화시키기는 어렵습니다. 아마 틀림없이 어르신은 어르신 자신을 괴롭혔을 겁니다. 마찬가지로 저는 어르신의 생리를 직접 바꿀 수는 없어요. 어르신이 이에 관해 의사에게 말하기로 결정하신다면 저희는 어르신의 신체가 회복될 수 있도록 약물치료를 사용할 수 있긴 하지만요. 치료에 작용하는 요인에는 두 가지가 있는데, 그것이 행동과 사고입니다. 이게 바로 CBT가 그런 이름을 갖게 된 이유지요. 저희는 어르신이 행동과 사고를 바꾸도록 도와드릴 수 있고 그렇게 되면 근심과 우울이 덜해집니다.

제가 예를 하나 들어 보지요. 어느 날 밤 어르신이 집에 계실 때 다른 방에서 뭔가 부서지는 소리를 들었다고 가정해 보세요. 만약 어르신이 '집에 강도가 있다'고 생각하신다면 기분이 어떨 것 같습니까? 그래요, 죽을 지경으로 무섭겠지요. 그렇지만 어르신이 '오, 내가 창문을 열어두어서 바람에 뭔가 쓰러졌구나.'라고 생각하셨다면 어떨까요? 기분이 어땠을까요? 예, 약간 실망하고 아마 격해질 수도 있겠지만 무서움과는 거리가 멀겠지요. 이처럼 어떤 일에 대해 다른 방식으로 생각할 수 있고 어르신이 어떻게 생각하는지가 어르신이 어떻게 느끼고 행동하는지에 영향을 준다는 겁니다."

(마지막 단락의 예는 Beck과 그 동료들이 각색한 것이다.)[3]

이 과정은 10분 정도 걸리고 대부분의 사람은 그 과정을 이해한다. 당신이 예상하듯이 인지적 손상은 제시되는 자료의 속도와 양에 영향을 미친다. 내담자가 이해했다는 것을 증명할 수 있도록 내담자에게 예를 들어 보라고 요구하는 것은 당신이 제대로 가르쳤는지 알아보는 좋은 방법이다.

나는 오리엔테이션의 마지막에 심리치료의 효과에 대한 증거를 강력하게 제시하고 효력이 있을 것으로 생각하는 치료에 대해 가능한 한 구체적으로 말한다. 예를 들어 범불안장애가 있는 노인을 오리엔테이션할 때 나는 경험적으로 지지되는 치료[4]에 대해 미국 심리학회(APP)가 수집한 특별전문위원회의 결론을 알려 준다. 즉 CBT는 이런 장애를 위해 잘 확립된 치료라고 소개한다. 나는 또 임상적으로 중요한 변화를 일으킨 사람의 비율도 소개한다. 노인은 심리치료가 조금은 도움을 줄 수는 있어도 치료의 전면적인 영향력 면에서는 오히려 무기력하다는 생각을 할지 모른다. 나의 목표는 내담자나 다른 누군가가 '심리치료는 강력한 약물이다.'라고 말하는 것을 듣는 것이다.

치료계획

첫 회기의 마지막은 다가올 회기를 위한 계획을 세우는 때다. 이 일의 일부는 예컨대 당신이 언제, 얼마나 자주, 얼마 동안 만날 것인지, 상담료 등에 대한 것인데, 이런 문제는 단조롭다. 좀 더 실재적인 문제는 내담자에게서 정해진 회기 수만큼 치료를 계속 받도록 노력하겠다는 약속을 얻는 것이다. 혼합불안이라는 가설의 사례에서 나는 노인에게 치료 프로토콜은 보통 15~20회기이지만 우리는 5회기 동안 만난 다음 상태를 점검할 수 있다고 말한다. 내담자에 따라 치료기간의 기준은 훨씬 짧을 수 있고 목표도 그에 맞춰지게 된다. 만약 내가 작업할 회기가 3, 4회기만 있다면 나는 내담자에게 우리가 씨앗을 심을 수 있길 바란다고 은유적으로 말하고, 일단 우리의 간단한 접촉이 끝나면 내담자가 물과 영양분을 계속 줄 필요가 있을 것이라고 내담자에게 알려 준다. 나는 이완, 독서치료, 수면위생 같은 대처기술을 소개하는 데 훨씬 더 가치를 두고 이런 영역의 기술을 실제로 개발하는 데에는 가치를 덜 둔다. 나는 또 심리치료를 위해 적당한 회기 수를 진행하는 데 있을 수 있는 장벽이 무엇이든 이겨내려고 노력한다.

가족의 참여

앞 장에서 말한 것처럼 가족 성원을 관련시키면 노인과의 작업에서 뜻밖의 재미있는 일이 전개된다. 노인을 돌보는 정도가 증가함에 따라 가족 성원이 치료에 참여할 가능성도 증가한다. 가족이 관여하는 이러한 구조에서는 첫 회기에 치료전문가가 결정해야 하는 일이 가장 빈번하다. 이런 시나리오를 고려해 보라. 체질이 약한 82세의 노인 내담자를 53세의 딸이 첫 회기에 모시고 왔다. 어머니는 딸 가족과 함께 사는데, 슬픔을 호소해 왔고 점점 민감해지는 것 같다. 내담자, 딸과의 접촉은 이전에는 임상 스태프를 통해서였다. 당신은 그들을 대기실에서 만났고 딸이 묻는다. "선생님, 제가 엄마와 같이 오는 게 좋을까요?"라고. '음, 재미있는 질문이군.' 나는 마음속으로 자신에게 이렇게 말하고 어머니를 본다. 그녀는 빈틈없고 판단을 올바르게 할 것처럼 보이지만 다소 염려하는 듯하다. 나는 무슨 일인지 확신하지 못하고 형편에 따라 "좋아요, 함께 만납시다."라고 말한다.

　회기를 세밀하게 계획할 때 나는 또 그들에게 어머니 한 분하고만 시간을 좀 보내고 싶다고 말한다. 그 후로는 내담자의 인지기능과 엄마와 딸 간의 상호작용 패턴 같은 요인에 초점을 맞춘다.

대부분의 이런 사례에 가족 성원은 정보와 지지라는 의미에서 치료 동맹자이다. 차후의 회기에서는 노인과 작업하는 것이 주가 되겠지만 나는 가족 성원과 주기적으로 의논함으로써 가족을 계속 관여시킨다. 나는 의논을 하는 동안 오가는 말을 내담자가 알도록 노인이 그 자리에 있게 하려고 노력한다.

노인을 위한 첫 회기 상담전략은 내담자의 인지적 및 신체적 상태를 참작한 것이어야 한다. 내담자가 기억하고 주의를 기울여야 하는 일을 최소화하는 노력이 최적의 상담과정에 중요하다. 가능한 보상기술로는 다양한 방법으로 정보를 제공하고, 대화의 속도와 복합성을 낮추고, 더 구조화하고, 첫 회기를 지시적으로 하는 것 등이 있다. 첫 회기에 가족 성원을 관여시키는 것도 쉽지 않은 상담전략의 문제이다. 복잡한 상황을 지나치게 간소화하는 위험을 무릅쓰고 말을 하자면, 그러면 안 되는 강력한 이유가 없는 한 첫 회기에 가족을 관여시킬 것을 권한다. 다음 장에서 나는 노인과의 첫 회기에서 발생할지 모르는 비상사태를 다루는 방법에 대한 의견을 제시한다.

각주

1. Garfield, S. L. "Research on Client Variables in Psychotherapy." In A. E. Bergin and S. L. Garfield (eds.), *Handbook of Psychotherapy and Behavior Change.* (4th ed.). New York: Wiley, 1994.

2. Thompson, L. W., Gallagher-Thompson, D., and Dick, L. P. *Cognitive-Behavioral Therapy for Late Life Depression: A Therapist Manual.* Palo Alto, Calif.: Older Adult and Family Center, Veterans Affairs, Palo Alto Health Care System, 1995.

3. Beck, A. T., Rush, A. J., Shaw, B. F., and Emery, G. *Cognitive Therapy of Depression.* New York: Guilford Press, 1979.

4. Chambless, D. L., and others. "An Update on Empirically Validated Therapies." *Clinical Psychologist*, 1996, 49, 5-14.

CHAPTER 6

위기개입

노인은 때로 첫 회기에 위기개입을 요구하는 문제를 제시한다. 이 장에서 나는 노인에게 일어나는 세 가지 구체적인 상황에 대해 말할 것이다. 첫 번째 상황은 내담자의 인지적 손상이 아주 심하여 당장 운전조차도 위험할 만큼 독립적인 생활이 치명적이라고 판단될 때이다. 이 위기는 능력이라는 큰 제목으로 분류될 수 있다. 두 번째 문제는 우울하거나 희망이 없는 노인 내담자와 관련이 있다. 당신도 알고 있듯이 인구통계적 상태로 보아도 당신 주변에는 자살 위험에 있는 사람이 있다. 우리는 또 노인학대도 논의한다. 나는 노인이 심한 슬픔, 외로움, 두려움 같은 응급상황을 다루도록 돕는 것에 대한 의견으로 이 장을 마무리하겠다.

능력문제

자격은 법적 절차에서 사용되는 개념이다. 형사권한으로는 피고인이 재판을 받거나 법률이 집행되거나 미란다 권리의 포기 여부 같은 것이 있다. 자금문제를 다루고 의료결정을 하는 능력과 유언 능력(유언의 작성이나 변경) 같은 민사권한이 노인과의 작업에 더 관련된다. 인지능력은 이런 민사권한의 강력한 결정인자이다. 우리는 인지능력이 성인 후기에 변한다는 것을 알고 알츠하이머 같은 치매는 연령과 관계가 있다는 것도 안다. 첫 회기에 노인 내담자가 보여 주는 인지손상의 정도가 적절히 기능하는 능력을 위협할 수 있다는 것이 분명해 보이는 경우도 있다. 보통 이것은 응급사태가 아니지만 적어도 두 경우, 즉 자동차 운전이나 자신을 충분히 관리하지 못하는 생활은 응급 수준일 수 있다.

우리가 심리치료전문가로서 가정하는 두 가지 책임을 고려하자. 첫째,

우리는 내담자가 자신이나 타인을 위험에 빠뜨린다고 믿으면 뭔가를 할 의무가 있다. 이와 관련하여 복지에 위협이 분명히 있는 경우 우리는 타인을 보호할 의무가 있다. 보고해야 하는 법적 의무는 관할구역에 따라 다르다는 것에 주의해야 한다. 상담자는 자신이 일하는 곳의 법령에 친숙해야 한다. 이 장에서는 내가 전문적인 의무라고 생각하는 것에 대해 전반적으로 이야기하기로 한다.

운전

인지손상의 정도가 중등도에서 중증에 해당하는 노인은 자동차를 조작하거나 독립적으로 생활하는 것이 자기 자신이나 타인에게 위험할 수 있다. 이런 상황이 나에게 한 번 있었다. 84세의 미망인이 내게 의뢰되었는데, 그녀의 아들은 그녀의 건망증이 심해지고 성격이 변하는 것을 염려했다. 첫 회기는 그녀와 나 두 사람만 했다. 은퇴한 대학교수로 상당히 예의바르고 다소 엄격한 이 내담자는 곧 중대한 인지결함을 증명하는 행동을 보였다. 그녀는 약속보다 2시간 일찍 왔고 비주차 구역에 주차했다. 그녀는 자신은 약속시간을 옳게 알고 있는데, 우리가 착각한 것이 분명하다고 확신했다. 그녀는 지갑에서 종잇조각을 찾을 수 없었기 때문에 누구와 약속을 했는지 기억할 수 없었다. 회기 동안 그녀와 말을 해 감에 따라 그녀가 왜 나와 만나는지 완전히 이해하지 못한다는 것이 분명해졌다. 나는 "어르신은 기억의 변화를 경험하고 계시는데요, 제가 도와 드릴 수 있는 방법을 아드님과 어르신께 말씀드릴 수 있도록 아드님이 우리가 만나길 원했습니다."라고 말했다.

그녀는 "내가 왜 그것 때문에 정신과 의사에게 와야 되죠?"라고 말했다. 내가 간단한 기억평가(MMSE)를 해 달라고 그녀에게 요구했을 때 그녀는 못마땅해 했다. "정말이지 난 그걸 하고 싶지 않아요… 다른 얘기합시다."

그래서 나는 비공식적으로 "손자의 이름이 뭡니까?" 그리고 "오늘이 며칠입니까?"와 같은 질문으로 그녀의 지남력과 단기기억을 평가했다. 비록 무심하게 관찰하면 그녀의 사회적 품위 덕분에 그녀의 손상을 알아차릴 수 없겠지만 그녀는 이 질문에 답할 수 없었다. 내 말은, 그때까지 그녀가 오늘의 날짜를 물으면 "글쎄요, 선생님은 그 답을 알고 계실 테고, 그런 것을 아는 것이 선생님의 직업상 중요하겠죠."라고 반응했다는 것이다.

회기 말쯤에 나는 이 내담자가 중대한 인지적 손상을 경험하고 있다고 확신했다. 나의 즉각적인 걱정거리는 그녀가 여전히 자동차를 운전하고 있다는 것이었다. 나는 이 내담자가 이동주택에 살고 있고 재정적 자원이 거의 없다는 점을 부연한다. 놀랄 것도 없이 그녀의 차는 매우 형편없는 상태였다. 그녀가 차를 몰고 약속에 왔기 때문에 그녀 손에서 열쇠를 잡아채는 것이 옳다고 느껴지지는 않았지만 그녀가 차를 타고 갈 때 내 마음은 불편했다. 그녀에게는 아들이 있었는데, 그녀는 나에게 "그 아이는 나의 모든 일을 돌봐줘요."라고 말했다. 회기가 끝나기 전에 그녀는 아들과 이야기해도 된다는 허락을 서면으로 해 주었다. 만약 이 허락을 받지 않았더라면 나는 딜레마에 빠졌을 것이다. 그 경우였다면 나는 그녀에게 아들과 말하도록 허락해 달라고 전화했을 것이다. 만약 그녀가 거절했다면 나는 운전을 잘못하는 것은 비밀보장을 깰 만큼 안전을 심각하게 위협한다는 점을 고려했어야 했을 것이다. 또 이런 의사결정을 하기 위해 나는 믿을 만한 동료와 그 상황에 대해 상의했을 것이다. 내 짐작으로는 아마 나는 비밀보장을 무시하지 못하고 내담자에게 다음 회기에 나의 염려에 대해 말했을 것이다.

본론으로 돌아가자. 운전을 안전하게 하려면 빠른 결정과 적절한 판단이 필요한데, 그녀의 그런 능력에 대한 나의 염려를 함께 이야기하기 위해 아들에게 즉시 전화했다. 나는 운전 문제를 의논하기 위해 가능한 한 곧 가족 모임을 갖자고 권유했다.

그녀의 아들은 그녀에게서 눈을 떼지 않았기 때문에 나는 일상의 문제에서 어머니가 자신을 돌보는 능력에 대해서는 걱정이 덜 되었다. 그는 거의 매일 그녀에게 전화하거나 그녀를 찾아갔다. 나도 그녀의 가족에게 알츠하이머 유형의 치매가 아마 그녀의 행동변화의 이유라는 것을 알려야 하는 유쾌하지 않은 일을 했다.

자기 돌보기

내담자가 자신을 돌보는 능력에 의문이 들기 시작할 때 기본적인 걱정이 생긴다. 앞서 기술한 사례는 아들이 맡았던 역할인 돌보는 사람이 없었다면 또 다른 첫 회기 응급상황을 제시할 수 있었을 것이다. 나는 내담자가 자금관리, 식사준비, 응급상황 대처, 전화 사용 같은 복잡한 일상생활 활동을 잘 할 수 있는지 걱정을 많이 했을 것이다. 만약 그녀에게 돌보는 가족이 없었다면(내가 몇 해 전에 지도감독했던 다른 사례에서 그랬던 것처럼) 나는 가족 성원과 접촉하게 해 달라고 요청했을 것이다.

이 다른 사례에서 학생 훈련생은 도시에 사는 아들과 접촉은 했지만 그가 변변치 못한 사람임을 재빨리 짐작했다. 우리는 내담자에게 다른 주에 사는 오빠가 있다는 것을 알고 그와 접촉했다. 그는 다소 마지못해 상황을 조사하는 데 동의했고 실제로 결국 그의 여동생을 노인이나 병자를 위해 특수 설계된 집에서 지내게 했다.

접촉할 가족이 없거나 가족 성원에게 말하는 것을 내담자가 허락하지 않는다면 나는 성인 보호 의무를 담당하는 정부기관과의 접촉을 진지하게 고려했을 것이다. 나는 해를 입을 위험 속에 있는 사람을 고려할 필요가 있었을 것이다. 심각한 치매에 해당하는 사람은 부적절한 영양이나 조악한 위생 상태와 같은 자기방임의 위험 속에 있을 수 있다. 그런 사람도 가정용품을 사용하거나 자동차를 조작하는 데에 위험을 보인다. 성인보호관청에 전화해서 상황조사를 해야 한다.

재미있게도 나는 나의 임상작업에서는 아니지만 내 이웃에서 이런 상황이 일어났던 것을 기억한다. 90대의 미망인이 우리 집에서 가까운 거리에 살고 있었다. 은퇴한 교사인 그녀는 매우 크고 단정치 못한 빅토리아 양식의 집에 살았다. 몇 해가 가면서 그녀의 치매정도가 심해짐에 따라 그녀가 자신을 돌보는 능력이 감소되는 것을 관찰했다. 그녀에게는 도시 외곽에 사는 딸이 있었지만 그 딸은 엄마의 능력이 감소하고 있다고 경고하는 우리의 전화에 응하지 않았다. 그녀가 붐비는 도로 한가운데를 걸어 내려가는 것을 반복적으로 목격하게 되면서 상황은 결정적인 위기에 달했다. 그녀가 빨리 달리는 차에 치이는 것은 단지 시간문제였다. 우리는 결국 성인보호관청에 전화해서 우리의 염려를 보고했다. 그들은 그녀를 돌보는 사람을 주선해서 딸이 엄마를 돌보는 일에 관여하게 했다. 당신이 예상하는 것처럼 그 딸은 우리를 좋아하지 않았다.

자살충동이 있는 노인의 관리

우울한 노인과의 작업은 자살관련 위기에 대한 반응을 포함한다. 그림 6.1은 연령, 인종, 성별에 따른 자살률을 한눈에 보기 좋게 나타내고 있다. 그림은 분명하다. 자살률은 노인이 상대적으로 높은데, 특히 남성 노인이 높고 백인 남성 노인이 극적으로 높다. 비록 내가 모든 내담자에 대

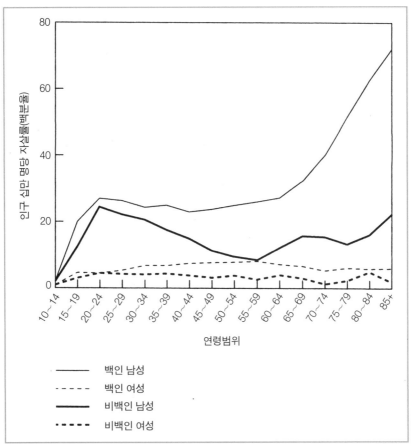

그림 6.1 ■ 연령집단(5년 범위), 인종, 성으로 본 자살률 : 미국, 1989

출처 : J. L. McIntosh, J. F. Santos, R. W. Hubbard, and J. C. Overhelser, *Elder Suicide: Research, Theory, and Treatmen.* Copyright © 1994 by the American Psychological Association. Reprinted with permission.

해 자살위험 평가를 방심하지 않는다 해도 이런 역학적 자료는 내가 우울한 백인 남자 노인을 특히 더 기민하게 경계하도록 한다. 자살평가는 모든 내담자와의 첫 회기에 필요한 부분으로 고려해야 하고 우리가 발견한 것을 바탕으로 행동할 준비가 되어 있어야 한다. 치료전문가로서 우리는 우리의 내담자를 보호할 책임을 진다. 자살충동에 사로잡힌 내담자의 경우 우리는 그들 자신으로부터 우리 내담자를 보호해야 한다.

재미있지만 혼란스러운 연구결과는 자살한 노인 중 높은 비율이 최근에 자신의 의사를 방문했다는 것이다. 자살한 사람의 약 75%가 그 달 안에 의사와 의논했고, 20%가 24시간 내에 방문했다.[1] 이 자료는 우리가 내담자의 자살 잠재성을 경계하도록 한다. 부가적으로 나의 몇몇 동료와 나는 노인 내담자의 일차치료환경에서 일상적으로 노인우울검사를 실시할 것을 주장한다.[2] 아마 그런 활동은 노인 사이에 불필요한 자살을 막도록 도울 것이다.

평가

이제 당신이 첫 회기에 내담자가 자살을 생각하거나 계획한다는 것은 발견할 때 일어나는 상황을 논의하고 싶다. 나는 대개 아래의 '자살질문'을 차례차례 묻는 것이 가장 좋다고 생각한다.

1. "어르신은 지난 2주간 기분이 어떠했습니까?"
2. "최근에 어르신은 일에 흥미를 잃었습니까?"
3. "어르신은 인생이 살 만한 가치가 없다는 생각을 했습니까?"

만약 내가 이 질문에 우울하지 않은 반응을 얻으면 자살위험이 낮거나 적어도 잘 보호되고 있다고 확신한다. 내 경험으로는 자살질문에 대한 반응은 대개 선명하고 즉각적인 '예'이거나 내가 걱정할 만한 뭔가를 보인다. 여기 후자의 예가 있다.

- "내 가족은 내가 없으면 더 좋을지 모른다고 생각해요."
- "나는 나의 질병과 통증 때문에 내일을 기대하지 않아요."

- "내 상황은 희망이 없다고 종종 느껴요.

내가 그런 반응을 얻으면 또는 상담 중 어느 때라도 내담자가 인생을 살 가치가 없다거나 희망이 없다고 말하면 자살 가능성의 심각성을 결정하기 위해 질문을 더 한다.

"우리 가족은 내가 없으면 더 좋을 거에요."라는 말을 보자. 뒤따르는 질문은 이런 것일 수 있다.

- "어르신은 이런 생각을 얼마나 자주 하십니까?"
- "이렇게 느낀 지 얼마나 됐습니까?"
- "내가 없으면 우리 가족이 더 좋을 거라고 생각하는 특별한 상황이 있습니까?

이 유형의 질문은 사고패턴의 빈도와 강도를 알게 해 준다. 그 다음의 가장 중요한 질문은 "어르신이 이런 생각을 할 때 자신을 해치는 생각을 한 적이 있습니까?"일 것이다. 내가 작업했던 대부분의 우울한 노인 내담자는 그런 생각을 하지 않았고, 그들이 그런 생각을 하는 경우조차도 종교적인 이유나 자살이 가족에게 불러올 고통 때문에 실행을 고려하지 않았다. 이런 경우에 나는 그들이 상담실을 떠나기 전에 그들에게 이를 다시 묻고 자살사고가 더 적극적으로 들게 되면 나에게 또는 후원자, 즉 아마도 위기라인이나 부르면 곧 응할 수 있는 동료에게 전화해야 한다는 것을 아는지 확인할 것을 기억해 둔다.

일부 노인은 적극적인 자살관념이 있다고 말한다. 예를 들어 우리 중 많은 사람은 내담자가 "예, 나는 자살을 생각했지만 제대로 할 거라 생각지 않아요. 난 아마 불구가 되어 이전보다 더 힘들어질 거예요."라고 말하는 것을 보았다. 또 일부는 자살이 그들의 가족에게 끼칠 해 때문에 또는 그들의 종교적 가치에 반하기 때문에 생명을 지킨다고 말한다.

다음으로 내가 질문하는 영역은 긴박성과 치사성이다. 나는 다음과 같이 묻는다.

- "어르신은 자신을 어떻게 해칠 것인지 계획한 적이 있습니까?"
- "자살을 어떻게 시도하려고 합니까?"
- "어르신은 화기(…약물, 일산화탄소)를 가지고 있습니까?"

행동

나는 내담자가 자살사고를 갖고 있지만 그것이 잘 공식화되지 않거나 급박하지 않거나 치명적이지 않다고 결정하면 내담자에게서 서약을 끌어내는 데 주력한다. 노인은 치료전문가인 나, 위기라인, 친구, 가족 성원과 접촉하지 않고 이런 사고를 행동화하지는 않을 것이다. 나는 또 허용이 된다면 가족 성원이나 간호자를 접촉하여 내 염려를 이야기하고 지지-감시 체계를 세우려 노력한다. 나는 또 며칠 이내에 내담자와 두 번째 회기를 잡는다. 이렇게 하는 동안에 나는 약간 걱정을 하곤 한다.

여기 예가 있다. 73세의 상처한 아프리카계 미국인은 우울치료 때문에 내게 의뢰되었다. 내담자와 교회에 함께 다니는 친구가 그의 행동을 근심하여 의뢰하게 되었다. "그는 정말 슬퍼하면서 많이 울어요." 내담자는 실로 주요우울의 에피소드를 경험하고 있었다. 그는 또 빈곤했고 연금이나 저금이 없었으며 사회보장연금으로 살았다. 설상가상으로 그는 일생 동안 흡연했고 암에 걸린 폐 한쪽을 제거했다. 그의 건강은 좋지 못했고 쇠약했다. 그러나 인지손상의 증거를 보이지는 않았다.

　내가 그에게 우울증상에 관한 질문을 했을 때 그가 자살사고를 경험했다는 것을 알았다. 그는 이렇게 말했다. "나는 인생이란 살 가치가 없다고 생각해요. 나는 청구서를 지불할 돈이 없어 걱정해야 하고 나 자신을 거의 돌볼 수 없어요. 난 지쳐요. 교회 사람들은 나를 도와주려고 애쓰지만 그들에게 짐이 될 뿐이에요."

　나는 그에게 자살계획을 한 적이 있는지 물었다.

　"아직은 없어요."라고 그가 말했다.

　"저는 어르신의 말이 무슨 뜻인지 확실히 모르겠는데요…"

　"난 자살을 원치 않지만 사정이 좋아지지 않으면 계속 살아갈 수 있다고 확신 못해요."

　내 내담자의 반응은 내가 위기관리 계획을 세울 필요가 있다는 것을 암시했다. 내 짐작으로는 그가 다음 며칠이나 몇 주간 훨씬 더 좋아지지는 않을 것이고 그래서 자살관념이 점점 확대될 가능성이 있었다.

　나는 그에게 말했다. "저는 인생이 살 만한 가치가 없다는 어르신의 생각이 좀 걱정됩니다. 가끔은 그렇게 보이지 않을 수도 있지만 저는 어르신이 살 이유가 있다고 생각해요. 어르신이 우울할 때 긍정적으로 보는 것은 어렵지요. 저는 어르신이 우울을 이겨내고 인생을 더 즐길 수 있도록 돕는 일을 합니다. 그래서 저는 어르신과 계획을 세워 보고 싶어요. 지금부터 우리가 다음에 만나는 그 사이에 기분이 더 나빠지기 시작하면 제게 전화하시겠습니까?"

　"좋아요, 그렇지만 난 전화가 없어요. 이웃의 전화를 사용하거든요."

　"괜찮아요. 어르신이 자살하고 싶다고 느껴지기 시작하면 전화하겠다고 확신할 수 있기만 하면 돼요."

"그러지요."

그는 나의 위기관리 계획을 정말 그에게 관심을 충분히 기울이며 돌본다는 의미로 여기고 그 계획에 기분이 좋다는 인상을 받았다. 그가 항우울제를 복용하는 문제와 공중건강국이 그를 가정건강관리를 해 줄 수 있는지 조사하는 문제에 대해 그와 논의했을 때 나는 우리의 작업동맹이 더 향상되었다고 생각한다.

마지막 시나리오는 노인 내담자에게, 대개는 우울한 노인 내담자에게 자살계획과 자살의도 둘 다가 있는 때이다. 내가 기억나는 사례에서 나는 내담자를 위해 입원을 속행했다. 이는 내담자가 그런 처치의 필요성을 깨닫고 참여하려는 의지가 있을 때 가장 순조롭게 완료된다. 난처한 경우는 비자발적인 입원이 마지막 선택인 상황이다. 앨라배마에서는 이런 경우 일반적으로 내담자를 응급실로 데리고 간다. 이는 대개 그 사람이 자발적으로 응급실에 가도록 설득하거나 법에 의해 강제로 데려가겠다고 설득하는 것을 의미한다. 응급실에서 정신건강전문가가 내담자를 평가하여 72시간 입원이 정당한지 결정한다. 비자발적 입원이 계속되는 경우에는 보호관찰 심리를 집행한다. 이런 절차의 차이는 주마다 다르고 민법의 문제이다. 당신이 고위험 자살 충동적 노인과 작업해야 한다면 이런 절차에 대한 지식을 갖추는 것이 중요하다.

당신이 비자발적인 입원을 수행할 때 내담자와 라포 및 지지를 유지하는 것이 중요하다. 당신은 아마 입원 후에 개인치료를 계속할 것이고 어떤 경우에는 그가 병원에 있는 동안 치료하게 될 수도 있다. 내담자에게 왜 당신이 이런 선택을 하여 수행하고 있는지, 이후로 어떤 단계를 밟을 것인지 설명하라. 내 경험으로는 대부분의 사람들이 정신병원에 수용되기보다 자기 생각대로 참가하는 것을 선택한다. 여하튼 비자발적 입원은 시간 소모적이고 정서적으로 부담이 큰 경험이다.

응급상황을 다루는 것도 지역방책에 대한 지식이 있으면 도움이 된다. 예를 들어 당신의 지역사회에 성인보호, 노인을 위한 합법적 협회, 급식 택배 서비스 같은 다양한 서비스를 요청할 수 있는 위기라인이 있을 수 있다. 사례관리는, 특히 가족이 없거나 가난하거나 중대한 건강문제가 있는 노인과의 심리치료에서 필요하다.

노인 학대와 방임

노인과의 심리치료 첫 회기에 당신은 내담자가 학대받거나 방임되는지 의심스러울 수 있다. 학대에는 몇 가지 형태가 있다. 우리는 자동적으로 신체적 학대를 생각하지만 다른 형태, 즉 심리적 학대(예 : 위협, 협박), 재정적 착취, 인권 학대(예 : 타인과의 의사소통 제한) 그리고 동산의 파괴 등이 있다. 방임에도 부적절한 영양, 치료 태만, 비위생적인 생활조건 등이 있다.

어떤 노인들은 사실을 폭로하면 자신이 지지받지 못하고 홀로 남겨지거나 학대 행위가 악화되는 결과를 낳을 것이라는 두려움 때문에 학대나 방임당하는 경우를 이야기하기 꺼린다. 첫 회기에 말 속의 숨은 뜻을 알아채는 것이 필요하다. 예를 들어 운전이 걱정스러웠던 84세의 여성을 상기해 보라. 그녀는 내게 말하길 자기 아들이 '내 모든 일을 돌본다'고 했다. 그건 필시 자애로운 말이지만 이런 질문을 할 만하다. "그가 어떤 일을 돌보나요?" 그리고 "그가 어르신의 금전관리를 하나요?" 또는 "어르신은 결정권이 있으신가요?"

노인의 주 간호자가 물질남용자일 때 방임과 학대에 대한 의심이 생긴다. 나는 내가 감독했던 이혼한 여성노인의 경우를 아주 잘 기억한다. 그녀는 시골집에 살고 있었는데 그녀의 외아들은 같은 소유지 한쪽에 이동식 주택에서 집세와 관리비 없이 무료로 살았다. 우리의 내담자는 또 본래부터 손녀를 24시간 보호해 왔다. 아이의 양육권은 완전히 아들에게 있었다. 그는 술을 많이 마셨으며 마약 남용자였다. 그는 직업을 전전했고 무책임하게 행동했다. 그는 어머니에게 알리지도 않고 그녀의 차를 여러 번 가져갔다. 설상가상으로 그는 가스가 떨어져서 도로 한쪽에 차를 남겨둔 적이 몇 번 있었고 한 번은 차를 부수기도 했다. 우리는 첫 회기에 아들과의 이런 문제에 대해 알게 됐지만 그 때 우리는 단순히 그 정보를 듣고 넘겼다. 그리고 그녀의 공포, 불안, 분노가 아주 심하긴 했어도 내담자의 인지기능은 충분히 좋았다는 점을 부연한다.

다음 몇 회기 과정을 거치면서 우리는 아들이 그녀의 재정을 통제하고 그녀의 개인 소유물을 전당잡히고 신체적인 상해를 위협하고 있다는 것을 알았다. 우리는 손녀의 복지를 염려했으나 필요할 때 내담자가 대리모역할을 잘 하고 있는 것 같았다.

처음에 우리는 내담자가 아들에게 더 단호하게 할 수 있게 하려고 노력했지만 이는 성공적이지 못했다. 그녀는 그를 두려워했는데, 특히 그가 술에 취했을 때 두려웠고(대개는 취해 있었다) 그가 실성하여 떠나버리면 손녀에게 무슨 일이 생길까 봐 걱정했다.

우리는 자진해서 성인보호관청이나 경찰서에 그를 불한당으로 보고서를 제출하려 했다. 그녀는 이 생각을 좋아하지 않았고 사실상 우리가 이 문제에 초점을 맞추는 것이 치료동맹을 해치고 있다고 믿기 시작했다. 그러나 놀랍게도 그녀는 다음 회기에 와서 우리가 보고서를 제출하기 요청했다.

그녀가 전날 아침에 아들이 자동차를 가져가지 못하게 하자 아들은 그녀를 해치겠다고 협박했다. 그녀가 손녀를 유치원에 데려다 줄 준비를 하고 있을 때 그는 차를 강제로 빼앗았고 그녀가 이웃의 교통편을 부르게 두고 가 버렸다. 이것으로 충분했다. 그녀는 참을 만큼 참았다. 나의 훈련생과 내담자는 그녀가 경험하고 있는 문제에 대해 이야기하려고 보호 서비스에 전화를 했다. 상황에 대해 그녀가 힘 있고 결정적인 뭔가를 하는 행동은 일종의 해방을 나타내었다. 그녀는 아들에게 기꺼이 더 단호한 태도를 취하였다.

노인의 위기 다루기 돕기

노인 내담자와의 첫 회기는 강한 정서를 표현하고 불쾌한 실상을 알게 한다. 예를 들어 우울한 사람은 이전에는 느끼지 못했던 깊은 슬픔을 경험할지 모르고 혹은 주제 탐색을 시작함으로써 그가 살아온 삶에 실로 만족하지 않는다는 것을 깨닫게 될지도 모른다. 많은 노인에게 치료회기 중의 대화는 그들이 경험해 왔던 어떤 상호작용과도 다르다. 나의 요점은 상담회기로 인해 어떤 내담자들은 과하게 압도당하고 약간의 위기감을 느낄 수 있다는 것이다. 그게 아니면 그들이 당신을 방문했을 때 그들은 위기의 한가운데에 있을지도 모른다. 당신은 그들을 돕기 위해 무엇을 할 수 있는가?

여기 내가 작업했던 한 예가 있다. 지방의 일차 치료 시설에서는 적은 비용으로 서비스를 제공하는데, 내가 그런 곳에서 일하는 동안 60세의 라틴계 여성을 상담한 적이 있다. 이 여성은 남편의 예기치 않은 죽음을 잊는 데 문제가 있었기 때문에 의사가 나에게 의뢰했다. 첫 번째 만남에서 나는 그녀가 하루 중 많은 시간을 집에서 울며 보낸다는 것을 알았다. 그녀는 거의 잠을 자지 못했고 마음에서 남편을 보낼 수 없었다. 이 증상은 약 8개월 동안 계속되고 있었다. 이렇게 말해도 되는지 모르겠지만 실제로 그녀는 무서워 보였다. 눈 아래에는 검은색의 큰 서클이 있었고 머리는 헝클어지고 수척했다. 나는 상담 동안에 그녀의 지능은 아마 평균 이하이고 문제에 초점을 맞추는 대처기술이 거의 없다고 추측했다. 그녀는 그저 압도당한 느낌으로 무엇을 해야 할지 몰랐다.

나는 그녀가 대처하도록 돕는 뭔가를 빨리 찾아내야 했다. 그녀는 단기간의 고통완화를 위해 벤조디아제핀을 복용하지 않으려 했지만 장기적인 이득을 위한 항우울제도 복용하지 않으려 했다. 그녀는 강한 사회적 지지 네트워크가 있었는데, 주로 성인자녀로서 그들도 슬픔이 오래 지속되고 있었지만 그녀 가까이 살고 있었다. 나는 그녀의 집은 사진과 기념물이 곳곳에 있는 사실상 남편의 사당이라는 것도 알게 되었다. 이때 아이디어가 떠올랐다. 나는 그녀에게 사진과 골동품을 한 방으로 옮기는 것이 가능한지 물었다.

"어르신이 그렇게 하신다면 상실감을 그렇게 많이 떠올리지 않기 때문에 슬픔을 더 잘 통제할 수 있을 거라 생각합니다."라고 내가 말했다.

"그러나 그건 잘못하는 일일 거예요. 남편을 잊게 될 거예요."

"두 가지가 생각나는데요, 하나는 남편께서 어르신이 이렇게 슬프고 혼란스러워 하기를 바란다고 생각하세요?"

"아뇨, 그렇지 않을 거예요. 나는 그렇게 생각해 본 적 없어요."

"어르신이 남편과의 추억을 잊지 않기 위해 그 방에 가서 반시간이나 한 시간 동안 애도하면 어떻겠습니까? 그렇게 하면 어르신이 어느 정도 통제를 하면서 남편을 여전히 존중할 수 있다는 게 제 생각입니다."

"반시간이면 충분하다고 생각해요, 그렇죠?"

"예, 저도 그렇게 생각해요."라고 내가 말했다.

다음 회기에 그녀는 이 기술이 그녀가 울고 심란해 하며 보내는 시간을 감소시켰다고 했다. 마침내 그녀는 그녀(와 남편)에게 특별한 장소로서 그 방에 사진과 물건들을 보관하기로 결정했다.

노인 내담자가 힘든 시간을 극복하도록 돕기 위해 덜 기술적인 수단이 사용될 수 있다. 안심시키기는 쓸모가 있다. 예를 들어 나는 적지 않은 경우에 우울한 노인에게 이런 효과 있는 말을 했다. "저는 사정이 아주 나빠 보인다는 것을 알지만 어르신의 입장에 있는 다른 사람들과 작업을 해 왔습니다. 그분들 대부분은 시간이 지나면서 상당히 좋아졌고 어르신도 그렇게 될 거라고 믿습니다. 제가 그렇게 믿는 데에는 여러 가지 이유가 있습니다. 게다가 그렇게 안 보일 수도 있겠습니다만 어르신은 지난 3개월 동안 감정을 잘 처리해 오셨습니다. 저는 다음 몇 주 그리고 그 이상도 어르신은 그렇게 하실 수 있을 거라 생각합니다. 어르신은 매우 강인하세요." 대부분의 내담자가 이를 완전히 믿지는 않지만 안심하는 것 같다.

위기에 처한 내담자가 자기 자신을 돌본다는 것이 중요하다는 점을 일깨우는 것 역시 현명하다. 치료전문가는 내담자가 충분한 수면을 취하고 음식을 충분히 섭취하고 알코올을 삼가고 지시된 대로만 처방약물을 복용하도록 하고 이를 정기적으로 점검하는 것이 좋다. 위기에 처한 노인과 작업했다고 말할 수 있는 것도 당신의 말에 신뢰성을 준다.

우리가 고통 받고 있는 사람과 작업할 때 위기가 발생한다. 어떤 상황은 비교적 노인에게 독특하고 노인 학대와 방임뿐만 아니라 능력(자기 돌보기, 자동차 조작)에 관한 의문을 불러일으킨다. 다른 위기는 생명과 관련된다(자살관념). 이런 상황에서 지역 자원(병원, 보호 서비스)을 알고, 당신이 상의할 수 있는 동료가 있고, 다른 의사의 의견을 얻는 것은 확실히 도움이 된다. 다행히도 대부분의 위기상황은 성공적으로 해결된다. 일단 위기상황이 발생하면 당신은 치료를 진행할 준비가 된다. 제7장은 그 다음은 무엇을 할 것인가 하는 문제를 다룬다.

 각주

1. Gatz, M. "Variations on Depression in Later Life." Paper presented at the annual meeting of the American Psychological Association, Chicago, Aug. 1997.

2. Scogin, F., Rohen, N., and Bailey, E. "Geriatric Depression Scale." In M. Maruish (ed.), *Applications of Psychological Testing in Primary Care Setting*. Hillsdale, N. J.: Erlbaum, forthcoming.

CHAPTER 7

첫 회기 이후

노인과의 첫 번째 회기는 가장 중요하지만 그것이 끝은 아니다. 치료 계획에 관련해서 그 다음 할 일에 대해 살펴보자. 나는 당신이 첫 회기에 진단적 인상을 얻고 노인 내담자와 동맹을 맺는다는 가정하에 이야기한다. 내가 여기서 다루는 치료계획의 요소는 치료선택과 의뢰결정이다.

제5장에서 언급한 대로 치료에 대한 나의 입장은 절충적이라는 점을 다시 말한다. 분명히 나는 기술적 절충주의[1]로 불리는 것이 가장 편안한데, 이는 성공적인 결과를 낳기 위해 경험적으로 지지되는 치료나 기술을 체계적으로 사용하는 노력이라고 할 수 있다. 노인은 기본적인 행동(자제심이 없음)에서부터 존재적인 것(죽음의 직면)에 이르는 문제를 제시하기 때문에 나는 이런 절충적 자세가 노인 내담자를 위하는 것이라고 믿는다. 나는 내담자에게 충실한 것이지 치료이름에 충실한 것이 아니다.

치료의 선택

노인 내담자는 종종 여러 학문 분야 제휴의 치료가 필요한 복잡한 문제를 제시한다. 예를 들어 기본적인 약물 치료자, 의료 전문가, 신경심리학자, 변호사 등이 심리치료를 조정하는 일은 보기 드물지 않다. 비록 내가 이런 서비스를 서로 연결할 필요성을 깨닫는다 해도 나는 기타 서비스와는 독립적인 심리사회적 치료에 대해 말하고 싶다.

나는 노인을 위해 심리치료를 하게 될 때 어떤 치료를 할지 선택한다는 것 자체를 행운으로 생각한다. 일부 저자들이 노인을 위한 심리사회적 치료의 효율성을 의문시한 것이 그리 오래전은 아니었다. 우리는 이제 다양한 치료가 노인에게 효과가 있다는 확실한 증거가 있다. 노인은 젊은이와 동일한 심리치료 효과를 보는 것 같다.[2] 노인에 관한 치료 허무주의는 정당하지 않다.

치료계획은 가능하면 내담자와 치료전문가가 많이 협력하도록 해야 한다. 노인집단의 경우는 가능한 치료목표를 정교하게 세우는 것이 힘들지 모른다. 예를 들어 수면문제에 역점을 두어 심리치료하는 것을 결코 생각할 수 없었던 노인 내담자가 있었다. 그런 경우에 노인 내담자와 치료를 계획하는 일은 어느 정도는 교육적이다. 내담자의 어떤 문제가 가장 현저하거나 절박한지 그리고 어떤 유형의 치료가 내담자에게 가장 매력적인지 결정할 때 협동이 필요하다. 물론 이런 협의는 첫 회기에 형성된 동맹에 의해 촉진된다. 내가 앞에서 언급한 대로 내담자와 단기 및 장기 목표를 개발하는 것은 그 자체로 동맹구축에 도움이 된다. 희망과 안심, 기대, 신뢰는 치료계획을 개발함으로써 향상된다.

치료모델

절충적인 입장에서 치료를 한다 하더라도 치료모델을 갖는 것이 유용하다. Bob Knight는 특히 노인을 위한 모델인 성숙과 관련된 특수한 도전 모델[3]을 개발했다. 모델의 주요 요소는 표 7.1에 나와 있다.

당신이 볼 수 있는 것처럼 이 책 앞의 절들에서 다뤘던 많은 주제가 Knight의 모델에 포함되어 있다. 한편 노인은 분명히 장점을 가지고 심리치료에 임하는데, 장점의 예를 들면 도덕적 딜레마에 대한 복잡한 추론능력 그리고 많은 생활경험 덕분에 체득한 전문지식이다. 간단히 말해 나는 이를 '지혜'라고 부른다.

한편, 노인은 젊은이보다 대부분 좀 특수한 도전에 직면한다. 그러한 도

표 7.1 ■ 성숙과 관련된 특수한 도전 모델

성숙의 요소	특수한 도전	코호트 효과	맥락
인지적 복합성	만성질병	인지능력	연령 차별 사회
후형식적 추론	무능	교육	노화 서비스 기관
정서적 복합성	죽음의 준비	단어사용	노인 레크리에이션 사이트
자웅동체	사랑하는 사람에 대한 슬픔	가치	의료환경
전문지식 　유능한 분야 　다양한 가족경험 　축적된 대인 기술		표준적인 인생 행로 사회역사적인 인생경험	장기 치료 연령에 기초한 법과 규칙

출처 : Knight, B. G. "Overview of Psychotherapy with the Elderly: The Contextual, Cohort-Based, Maturity-Specific-Challenge Model." In S. H. Zarit and B. G. Knight (eds.) *A Guide to Psychotherpy and Aging.* copyright ⓒ 1996 by the American Psychological Association. Reprinted with permission.

전에는 만성 질병, 무능, 슬픔 등이 있다. 또한 그들은 우리와 다른 시기에 사회화되었다. 마지막으로 노인이 사는 사회적 맥락을 이해해야 한다. 사회적 맥락에는 그들의 특수한 환경(예를 들어 장기 치료)과 특수한 법칙(사회보장 법규, 의료보장제도 법규, 보호 법률 등)이 포함된다.

　노인과 작업을 시작할 때 이런 요인을 고려하면 유용한 지도법을 발견할 수 있다. 성숙과 관련된 특수한 도전 모델은 경험적으로 타당한 특별한 심리치료와 통합될 수 있다.

경험적으로 지지되는 치료

치료계획에 또 도움이 되는 것은 어떤 치료가 사실상 노인에게 효과가 있는지 결정하려는 노력이다. 어떤 치료가 '경험적으로 지지되는지'[4]를 결정하기 위해 일련의 기준을 노년학 문헌에 적용시켜 보았다. 치매환자의 행동문제, 우울, 수면장애, 기억문제를 포함하여 다수의 장애와 문제가 평가되었다. 그 결과 경험적으로 지지되는 치료의 목록을 얻었는데, 이는 목록에 있는 것이 효과적인 유일한 치료 양식이라는 의미는 아니다. 객관적인 기준을 만족시킬 만한 효과를 보기 위해 이런 치료에 대한 충분한 연구를 해 왔다는 것을 의미한다.

경험적으로 지지되는 우울치료

한 예로 우울을 보자. 세 가지 접근, 즉 인지치료, 행동치료, 간단한 정신역동 치료가 이 검열을 통과했다. 세 가지 모두 우울한 노인과 어떻게 작업하는지 가르쳐 줄 수 있는 지지치료 매뉴얼[5]이 있다. 나는 치료와 치료자의 자세, 그에 따른 결과를 어떻게 구조화하는지에 대한 생각을 가지고 있으면 대단히 도움이 된다는 것을 발견했다. 더구나 일부 이러한 안내는 특별히 노인 내담자를 위해 쓰였고 이 책에서 다룬 많은 문제를 참작하고 있다. 그러나 당신이 다루는 대부분의 노인 내담자 사례는 아주 개별적이어서 기술적 절충주의가 요구되지 않는 문제를 제시하지는 않는다. 예를 들어 많은 우울한 노인 내담자는 정보처리를 부적응적으로 하기 때문에 인지치료 기술이 필요하고, 동시에 역기능적인 대인관계 때문에 대인관계 심리치료 또는 정신분석적 심리치료가 필요한 문제를 제시한다. 어떤 사람들은 심리치료 매뉴얼을 엄격하고 교훈적이고 기계적이라 생각하고 삼가는 경향이 있다. 그보다도 나는 매뉴얼이란 어떻게 이론을 따르면서 경험적으로 지지되는 특별한 치료를 하는지 보여 주는 것이라고 생각한다.

경험적으로 지지되는 회고치료

재미있게도 구조화된 생애점검이나 회고치료도 우울 증상에 잠재적으로 효과 있는 치료로 간주되었다. 당신이 기억하듯이 이는 Erikson의 평생 발달 과업에 입각한 치료 접근이다. 내가 아는 바로는 그것은 노인에게 독점적으로 사용되는 치료이다. 회기는 성인 되기, 제2차 세계대전, 부모 되기, 손자손녀 얻기와 같은 주제로 구성된다. 행복한 시간에 대한 기억의 공유는 사기와 복지에 도움이 될 수 있고 사회적 활동은 고립감과 외로움을 줄일 수 있다. 회고치료는 대개 집단으로 제공되지만 개인치료로 사용될 수 있다.

우리의 연구 집단은 현재 몇 군데 지역 요양원에서 회고 집단상담을 실시하고 있다. 이 집단상담은 삶의 질의 개선, 불쾌한 정서의 감소, 사회적 활동의 증가를 목표로 경도치매 주민에게 제공된다. 집단은 위에서 말했듯이 연속적인 주제로 구성된다. 이런 집단상담 과정이 녹음된 테이프를 듣고 있으면, 사정이 달랐더라면 평온했을 참여자들이 어찌나 활발하게 상호작용하면서 주제를 토론하는지 감명을 받게 된다. 예를 들어 애완동물이 주제일 때 거의 모든 사람이 애완동물에 대해 즐거운 기억을 갖고 있고 그 동물에 관한 좋은 기억을 공유하길 즐긴다. 많은 참여자가 시골 환경에서 자랐고 마음에 드는 농장 고양이나 개를 회상하는 것이 특히 유쾌해 보인다.

치매를 위한 행동치료

인정을 받는 또 다른 치료접근은 치매가 있는 사람을 위한 행동적 개입으로 당신이 흥미 있어 할지 모르겠다. 이런 개입은 당신이 간호자를 치료하고 있다면 유용하다. 행동 프로그램은 공격, 배회, 자제심 없음과 같은 문제를 역점으로 다루기 위해 개발되었다. 목욕, 걷기, 섭식을 포함하는 자기 돌보기 활동도 개입의 목표가 되어 왔다.

사용되는 기술은 강화, 소거, 자극통제, 타임아웃 같은 학습 원리를 포함한다. 예를 들어 차별강화는 비교적 단순한 절차인데, 어떤 행동(예 : 신체적 공격)이 일정한 시간 간격으로 발생하지 않는다면 그 환자에게 보상(대개 치료 스태프가 주의를 기울여 준다)을 준다. 공격주기가 스태프 요구(예 : 옷 입기)로 시작하여 스태프의 주의에 의해 유지될 수 있다.[6] 차별강화는 이 주기를 깨기 시작할 수 있다.

기억 훈련

논의할 만한 또 다른 개입은 기억과 인지훈련에 관련된 것이다. 나는 이 책에서 기억 수행을 증진하도록 돕는 훈련이 많은 노인들에게 유용한 보조역할을 한다고 몇 차례 이야기했다. 나와 한 동료는 몇 년 전에 이 주제에 관한 책[7]을 썼는데, 그 책에 우리는 이름, 얼굴, 목록, 숫자를 더 잘 회상하기 위해 기억술을 어떻게 사용하는지에 대한 정보를 제시했다. 우리는 또 노인이 물리적인 단서나 생각나게 하는 뭔가를 사용함으로써 그들의 주변환경이 기억을 돕는 방법을 논의했다. 예를 들어 나는 이름을 기억하는 데 어려움이 있어서 이를 염려했던 유럽계 남자 미국인 내담자를 기억한다. 그는 상당한 자원봉사자였고 많은 사람들에게 소개되었기 때문에 이름을 기억한다는 것은 그에게 중요했다. 우리는 기발하게 상호 작용하는 이미지를 사용하는 기억술에 대해 이야기했다. 간단히 말해 거기에는 이미지를 이름인 것처럼 말하는 것이 포함된다('Brodsky'라는 이름은 매우 넓은 스키 한 쌍의 이미지가 될 수 있다). 그때 당신은 내담자에게 그 사람의 특징적인 부분(아마 그의 대머리)을 선택하도록 하고 그 특징과 이미지를 생생하고 기억할 만한 방식으로 상호작용하도록 만든다. 이는 누군가가 넓은 스키를 타고 그 사람의 매끄러운 머리를 미끄러져 내려오는 이미지일 수 있다. 나의 내담자는 정말로 그가 불렀던 것처럼 이 '게임'을 좋아했다. 우리는 또 기억력 저하를 유머로 다루는 방법, 즉 "나는 늙어서 더 이상 아무 것도 기억할 수 없어요. 당신 이름이 뭐라고 했죠?" 같은 것을 논의했다.

메타-분석 결과에 의하면 기억훈련 프로그램은 기억수행을 높이고 기억력이 더 좋다고 지각하게 한다.[8]

의뢰

의뢰결정은 종종 첫 회기 다음에 한다. 예를 들어 이런 의문이 생길 수 있다.

- 약물요법을 부수적으로 사용하기 위해 내 내담자를 의뢰해야 하나?
- 내담자의 욕구를 만족시키기 위해 교통수단이나 가정건강관리 같은 사회 서비스 기관에 의뢰해야 하나?
- 이 사례를 노인 정신건강전문가가 심리치료 하도록 의뢰해야 하나?

약물요법

나는 장애의 고통과 약물치료를 받으려는 내담자의 의지에 기초해서 노인 내담자를 약물요법을 위해 의뢰할 것인지 결정한다. 심하게 우울하고 불안한 내담자는 종종 심리치료를 시작할 수 있으려면 신속한 생화학적 도움이 필요하다. 그러나 내가 작업했던 일부 노인은 심지어 주요 우울 에피소드의 경우에도 약물요법을 완강히 거부했다. 어떤 경우에는 약물요법의 거부가 잘못된 정보, 예를 들어 항우울제는 중독성이라는 정보에 기반을 둔다. 또 일부 내담자는 단지 철학적인 이유로 약물요법의 수용에 반대하는데, 이는 내가 존중할 수 있는 자세다.

내가 상담한 70세의 라틴아메리카계 내담자는 항우울제의 복용을 반대했다. 재미있게도 그는 당뇨약을 먹고 있었지만 항우울제를 매우 다른 조건으로 보았다. 그에게 항우울제의 복용은 본인 스스로 자신이 나약하고 해야 할 일을 다룰 수 없다는 것을 시인하는 것이었다. 나는 우울약과 당뇨약을 비교하는 일을 계속했다. 나는 항우울제 복용을 밀고 나가려고 했지만 그것이 그에게 정말 좋을지 생각했다. 더욱이 지방의 건강클리닉에 있는 의사는 약물요법을 좋아했다. 몇 회기 지나서 결국 우리는 그에게 약물치료를 시작하라고 설득했고 그는 긍정적인 반응을 보였다. 나는 우리가 그 문제에 충실했던 것이 기쁘다.

고려해야 할 또 다른 요인은 당신의 내담자를 일차 진료 의사가 약리학으로 치료할 수 있는가 아니면 정신과 의사에게 의뢰하는 것이 더 적절한가이다. 내가 부족한 부분은 일차 진료 의사와 접촉하여 원한다면 내가 정보를 주고 그 사례가 전문가를 필요로 하는지 여부를 의사가 결정하게 한다.

사회 서비스

내담자나 가족을 사회 서비스 기관과 잇는 것에 대한 결정은 그렇게 어렵지 않다. 만약 필요하다면 나는 주저하지 않고 전화한다. 내담자는 물론 동의해야 하고 서비스 제공자와 기꺼이 협력해야 한다. 어떤 내담자는 '외부인' 에 의지해야 하기 때문에 약간 수치스럽고 낙담해 보이지만 나는 안심시키기와 부드러운 인지치료가 이런 감정을 줄여 준다는 것을 알았다.

예를 들어 아프리카계 남자 노인 내담자와 첫 회기 상담 끝에 나는 그가 잘 먹지 않고 있다는 것을 매우 걱정하게 되었다. 이는 우울 때문이 아니라 그의 요리기술이 제한적이고 솜씨가 없어서였다.

"어르신은 요리에 문제가 있기 때문에 우리가 급식 택배 서비스측 사람과 접촉하는 것이 어떻겠어요? 그 사람들은 조직적인 체제로 어르신에게 식사를 가져다줍니다."라고 내가 말했다.

"글쎄요… 나는 그런 음식 받는 걸 정말 좋아하지 않아요. 차라리 내가 나 자신을 돌보겠어요."

"저는 그거 이해할 수 있습니다. 어르신은 일생 동안 독립적이고 생산적인 분이셨지요. 그래서 이처럼 도움 받는 것을 생각하기 힘드실 겁니다. 그러나 저는 이것을 나약함의 신호로 보지 않아요. 어르신이 독립을 유지하도록 돕는 방법으로 봅니다. 만약 어르신이 제대로 드시지 않는다면 병에 걸리고 아마 요양원으로 옮기게 될 겁니다. 그래서 저는 이 서비스를 받아들이는 것이 어르신의 독립을 유지하는 방법이라 생각합니다. 더구나 어르신은 어쨌든 요리하는 걸 결코 좋아하지 않아요!"

그는 내가 이야기하는 동안 웃으며 머리를 끄덕였다.

"저는 어르신이 어르신 같은 상황에서 급식 택배 서비스를 받고 있는 사람을 거슬리게 보시지 않을 거라고 장담해요."

"예, 그 사람들이 정말 필요해서 서비스를 받는다면요."

"어르신이 자신을 거슬리게 보실 일은 아니라고 생각해요."

그는 일주일쯤 생각했고 서비스를 받아보기로 결정했다. 그 일은 그의 표현에 의하면 '내가 나 자신을 위해 지금껏 한 일 중에 가장 잘한 일'로 판명되었다.

노인 정신건강전문가

내가 다루지 않은 한 가지 의뢰문제는 어떤 조건에서 당신이 내담자를 노인 정신건강전문가(당신이 전문가가 아니라고 가정하여)에게 의뢰할지를 고려해야 하는가이다. 현상학적으로 나는 당신이 당신의 능력을 벗어난다는 느낌이 들 때마다 고려하길 충고한다. 사례가 복잡해질수록 전문 훈련의 필요성이 증가한다. 예를 들어 65세의 지역사회에 거주하는 범불안장애를 가진 건강한 사람을 치료하는 데는 아마도 전문가가 필요하지 않을 것이다. 한편, 울혈성 심부전으로 치료받고 있고 몇 번의 가벼운 뇌졸중이 있었고 몇 가지 약물치료를 받고 있으며 재발성 주요우울의 병력이 있는 데다 지배적인 성향의 사위가 돌보고 있는 65세의 노인과 첫 회기를 종결하고 있다면 아마 상의나 의뢰를 해야겠다는 생각이 마음을 스칠 것이다.

누가 전문가인지 당신이 어떻게 아는가? 의심할 것 없이 발 없는 말이 천리를 간다. 적어도 심리학이 관련되는 한, 좀 더 공식적인 자격 증명서를 준비 중에 있다고 한다. 미국심리학회(APA)는 신경심리학과 물질남용 전문가처럼 임상노년심리학에서도 이런 임명을 최근에 승인했다. 이 임명은 전문훈련의 필요성을 인정하는 것이고 전문가와 소비자 모두가 특별한 전문지식을 가진 사람을 확인하도록 도와준다. 나는 사회복지사업, 정신의학, 간호업무와 같은 다른 훈련도 아직 그렇게 하지 않았다면 집중적인 정신건강 영역 내에서 유사한 명칭을 개발할 것을 기대한다.

그 외의 전문 서비스

당신이 거주하는 지역에서 고려해 볼 만한 다른 서비스가 있을 수 있다. 예를 들어 일부 병원에는 노인정신치료 전문 입원시설이 있다. 치매노인을 위한 데이캐어 프로그램은 가족 간호자를 위해 가치 있는 자원이다. 우리 지역에서는 이런 프로그램들이 비영리 서비스로 운영되고 교회 모임을 통해 조직화된다. 그래서 비용은 적당하다.

생활보호시설, 은퇴생활센터, 요양원은 노인과 작업하는 사람이 알아야 하는 자원들이다. 우리 지역에는 노인을 위한 저비용의 합법적 서비스센터도 있다. 나는 회생보다 좀 더 향상된 목적을 이루기 원하거나 마음을 바로잡기 원하는 몇몇 내담자를 이 센터에 의뢰했다.

유예시설은 당신이 가족 간호자와 작업한다면 그들이 문의하는 또 다른 자원이다. 유예는 간호자가 짧은 기간 동안 가족 성원을 돌보는 일에서 휴식하게 해 준다.

내가 나열한 것은 분명히 완전한 목록은 아니지만 당신이 노인 및 그 가족과 하는 작업을 증진시키는 서비스에 대해 아이디어를 제공할 것이다.

노인을 다양하고 효과적으로 치료하는 것은 견고한 기초 위에 치료계획을 세울 때 가능하다. 그러나 내담자 문제와 성격은 다양하기 때문에 좋은 치료전문가가 되는 데에는 유연성이 결정적이다. 이러한 유연성에는 내담자를 약물치료를 위해 의뢰할 때와 노인과 작업하도록 훈련받은 정신건강전문가에게 의뢰할 때를 아는 것도 해당된다. 당신이 전문가든 아니든 상관없이 유예, 급식 택배 서비스, 합법적인 원조 같은 다른 서비스를 아는 것이 이롭다.

마지막 장에서 나는 두 사례를 제시하는데, 이 장을 포함하여 지금까지 내가 제시한 의견이 이 사례들을 통해 예증되기 바란다.

각주

1. Lazarus, A. A., Beutler, L. E., and Norcross, J. C. "The Future of Technical Eclecticism." *Psychotherapy*, 1992, 29, 11-20.

2. Scogin, F., and McElreath, L. "Efficacy of Psychosocial Treatments for Geriatric Depression: A Quantitative Review." *Journal of Consulting and Clinical Psychology*, 1994, 62, 69-74.

3. Knight, B. G. "Overview of Psychotherapy with the Elderly: The Contextual, Cohort-Based, Maturity-Specific Challenge Model." In S. H. Zarit and B. G. Knight (eds.), *A Guide to Psychotherapy and Aging*. Washington, D.C.: American Psychological Association, 1996.

4. Gatz, M., and others. "Empirically Validated Treatments for Older Adults." *Journal of Mental Health and Aging*. (forthcoming).

5. Beck, A. T., Rush, J., Shaw, B., and Emery, G. *Cognitive Therapy of Depression*. New York: Guildford Press, 1979; Gallagher, D., and Thompson, L. W. *Depression in the Elderly: A Behavioral Treatment, Manual*. Los Angeles: University of Southern California Press, 1981; Mann, J. *Time-Limited Therapy*. Cambridge, Mass.: Harvard University Press, 1973.

6. Burgio, L. D., Cotter, E. M., and Stevens, A. B. "Treatment in Residential Settings." In M. Hersen and V. B. Van Hasselt (eds.), *Psychological Treatmennt of Older Adults*. New York: Plenum, 1996.

7. Scogin, F., and Prohaska, M. *Aiding Older Adults with Memory Complaints*. Sarasota, Fla.: Professional Resource Exchange, 1993.

8. Verhaeghen, P., Marcoen, A., and Goossens, L. "Improving Memory Pergormance in the Aged Through Mnemonic Training: A Meta Analytic Study." *Psychology and Aging*, 1992, 7, 242-251; Floyd, M., and Scogin, F. "Effects of Memory Training on the Subjective Memory Functioning and Mental Health of Older Adults: A Meta Analysis." *Psychology and Aging*, 1997, 12, 150-161.

CHAPTER 8

사례공부

이 장은 내가 이 책에서 개관했던 첫 회기 전략을 증명하는 두 가지 사례로 구성되어 있다. 이 두 사례는 내가 상담했거나 지도감독한 다양한 사례들을 합성한 것으로, 노인과의 작업의 양상을 예증하기 위해 만들어졌다.

M의 사례

M은 이웃 도시에서 일하는 개인 진료소 정신과 의사가 의뢰한 67세 여성이다. 은퇴한 부기 계원인 M은 심장 개봉수술 날짜가 다가오자 극도로 우울해졌기 때문에 그녀의 심장 외과의사가 정신과 의사에게 의뢰했다.

M의 정신과 의사는 내가 그녀를 심리치료해 줄 것인지 묻기 위해 나와 접촉했다. 정신과 의사는 나에게 M이 일 년 가까이 선택성 세로토닌 재흡수 억제제(SSRI)를 복용해 왔고 우울증상이 완전히는 아니지만 유의하게 감소했다는 정보를 주었다. 심리치료를 위한 의뢰는 이런 잔여 증상을 치료하기 위해서였고 더 중요한 것은 그녀의 삶의 질에 중대한 영향을 주는 문제, 즉 비관론을 역점을 두어 다루는 것이었다. 그녀의 정신과 의사는 내가 우울한 노인을 위한 인지행동치료를 전문으로 한다는 것을 알았고 내가 이런 문제가 있는 그녀를 도울 수 있을 거라고 생각했다. 우리는 그녀가 심리치료를 받아보겠다고 결정한다면 약물요법을 계속하면서 M이 좋아질 때까지 접촉을 계속하기로 동의했다. 정신과 의사는 M에게 그 화제를 내놓았을 때 M이 심리치료에 동의했다고 내게 말했다.

나는 첫 회기를 시작하기 위해 M과 접촉했다. 곧바로 그녀의 예민함이 나의 주의를 끌었다. 그녀는 내가 전화한 목적을 이해했으며 우리가 시간을 결정할 수 있도록 스케줄 책을 재빨리 찾았다. 그녀는 내 사무실로 오는 방향을 적어 내려갔고 주차하기 어렵지 않느냐고 물어볼 만큼 미리 생각할 줄 알았다. 그녀는 부드럽게 말했지만 체념하는 분위기가 역력했다. 예를 들어 "저는 어르신을 만나길 기대합니다."라는 내 작별의 말에 대한 반응으로 그녀는 "나는 선생님을 보길 기대하지만 나의 이 우울한 태도를 떨쳐버릴 수 있다고는 생각지 않아요."라고 반응했다. '메타-페시미즘, 그녀는 비관론에 대해 비관적이다.'라고 나는 생각했다.

M은 약속시간을 어기지 않고 왔다. 그녀에게 나를 소개하면서 '난 그녀가 재미있을 거라고 장담해.'라고 생각했다. 그녀는 목이 높은 운동화에 청색 진을 입고 있었고 수제 장신구를 하고 있었다. 그녀는 화장을 하지 않았고 머리는 젊은 여자들이 하는 스타일로 잘랐다. 나는 '역연령은 67세일지 모르지만 사회 연령은 훨씬 젊어.'라고 생각했다. 이런 인상은 첫 회기 동안 내가 모은 정보로 증명될 것이다.

나는 "제가 오늘 우리가 하길 원하는 것은 어르신이 치료하러 오시는 이유와 어르신이 벗어나고 싶은 것에 대해 이야기하는 겁니다. 저도 우리가 알게 된 것을 기초로 해서 치료를 어떻게 해 나갈 것인지 말씀드리려고 노력할 것이고요."라는 말로 시작했다. 이 단락에서 나는 세 개의 분리된 작은 정보를 제시했음을 주목하라. M이 어느 정도의 인지적 손상이 있다는 것을 믿을 이유가 있었다면 나는 보다 단순하게 말했을 것이다.

나는 비밀보장의 한계에 관해 말하면서 간단하게 전체적인 상담계획을 말했다. M은 주의 깊은 사람으로 보였지만 이런 예비절차에 특히 감동했다. 그녀는 내가 하는 말을 이해한다는 것을 나타내기 위해 머리를 끄덕였지만 질문은 없었고 내가 비밀보장을 깰지도 모르는 상황을 말할 때 일부 내담자들이 보이는 것처럼 눈썹을 올리지 않았다.

그때 나는 그녀에게 "저는 어르신에 관해 어르신의 정신과 의사와 이야기했습니다. 하지만 저는 오늘 어르신께서 오신 이유를 직접 듣고 싶어요." 라고 말했다. 그녀는 "내 건강이 계속 점점 나빠지고 있어서 제어할 수 없는 것 같이 느껴지고 조금도 좋아질 거라는 희망이 보이지 않아요."라고 말했다.

나는 그녀에게 건강문제에 대해 물었고 그녀는 심장혈관문제 외에 20년 넘게 당뇨로 고통 받아 왔다는 것을 알았다. 당뇨는 그녀의 엄지발가락 절단을 포함하여 여러 가지 합병증을 만들어 냈다. 엄지발가락을 잃었기 때문에 그녀는 균형을 잡고 걷는 데 어려움이 있어서 몇 번 넘어진 적이 있었다. 한 번은 넘어질 때 다리를 부러뜨리기도 했다. 그녀는 당연히 다음에 넘어질 때 엉덩이를 부러뜨리거나 머리를 부딪힐지 모른다고 걱정했다. 그녀는 지팡이나 보행기를 사용하는 것이 활동적이고 독립적인 사람의 자아상과 모순된다고 생각했기 때문에 사용을 거절했다. 그녀는 "나는 침울한 분위기의 노인네가 아니에요."라고 말했다.

M은 또 최근에 40년간 살던 집을 억지로 이사 나왔기 때문에 통제력을 잃은 느낌이었다. 그녀의 쇠퇴하는 건강과 강요된 이사는 엄청난 손실이었고 희망이 없다는 느낌을 일으켰는데, 이 감정은 내 마음을 아프게 했다.

우리가 이런 문제들을 논의한 후에 나는 기억과 인지검사를 할 필요가 없다는 것을 알았다. M은 최근 일에 대해 기억을 잘 하고 있었으며 우리 대화의 흐름을 따라오는 데 문제가 없었다. 그 회기 중에 나는 그녀가 기억에 문제가 있는지를 물었고 그녀는 "내 기억은 좋지만 예전에 일을 하고 있을 때만큼 명확하게 기억하지는 못해요."라고 말했다. 내가 구체적인 예를 물었을 때 그녀는 예전에는 그런 도움이 필요하지 않았지만 지금은 기억하기 위해서 노트에 의지해야 한다고 말했다. '우리 두 사람은 운이 아주 좋아.' 라고 나는 생각했다! 그럼에도 불구하고 나는 뒷날 그녀와 보상 기억 전략을 논의할 것을 적어 두었다.

나는 또 맥락을 이해하기 위해 그녀의 역사에 대해 물었다. "제게 어르신의 가족, 일, 자녀가 있으시다면 자녀 등에 대해 말씀해 주세요." M은 약 25년째 미망인으로 살아왔고 편모로서 네 자녀를 키웠다. 나는 '휴, 나는 배우자와 함께 두 아이를 키우고 있는데, 정말 힘든 일이야.' 라고 생각했다. 그녀는 2년간 대학에서 학점을 받았지만 남편이 죽었을 때 그 이상의 파트-타임 교육을 포기해야 했다. 그녀가 해 온 일의 대부분은 자그만 사업의 부기 계원과 재판관의 사무원 일이었다. 그녀는 자녀양육에 대해 자신이 자랑스러웠지만 자녀들에게 아버지가 없었다는 유감을 표현했다. 그녀는 재혼하지 않은 것이 옳은 결정이었을지 생각했다.

그녀의 자녀들은 멀리 떨어져 여러 곳에서 살고 있었기 때문에 그들이 관여하도록, 적어도 물리적으로 관여하도록 요구하는 것은 선택안이 아니었다. M은 자기가 모든 자녀를 사랑하지만 그 중 두 사람을 걱정한다고 말했다. 그 둘은 이혼했고 그녀는 그들과 세 손자손녀의 복지를 염려했다.

우리가 말한 대로 나는 그녀가 지적이라는 것을, 아마 종래의 IQ 검사에서 우수한 범위에 속할 것이라는 것을 알았다. 또 그녀는 새로운 경험에 개방적이고 호기심이 많다고 말할 수 있었다. 예를 들어 그녀는 인터넷을 검색하고 현대음악을 듣는다고 했다. 이런 경향은 심리치료가 필요하다면 좀더 추상적인 수준에서 실시할 수 있으며 내가 새로운 것을 그녀에게 요구하면 흔쾌히 해 볼 것임을 말해 준다.

회기가 전개됨에 따라 이 노인 내담자의 상황이 드러났다. 즉 중대한 건강 관련 문제와 희망 없음과 비관론의 현저한 느낌을 경험하고 있는, 인지적으로 완전하고 중등도의 우울이 있는 여성. 물론 후자는 그녀가 내게 의뢰된 이유였다.

회기 중반으로 가면서 나는 M의 현재의 우울 증후군 수준을 평가하기 시작했다. 나는 DSM-IV 기준의 목록을 봐 내려갔고 증상의 지속기간과 강도를 물었다. 그녀는 자기 좋을 대로 아무런 문제를 보고하지 않았다. 사실 그녀는 우울의 신체적 징후가 거의 없었다. 예를 들어 내가 그녀에게 "어르신은 그간 해 오던 일에 흥미를 잃었다는 것을 알아차렸습니까?"라고 물었을 때 그녀는 이렇게 말했다. "나는 전혀 흥미를 잃지 않았지만 내가 해 오던 일을 할 동기가 없는 것 같아요. 아마 일을 하는 편이 나를 위해 더 좋을 거라는 것은 알아요." 나는 또 "그래서 죄책감을 느끼시나요?"라고 물었고 그녀는 이렇게 반응했다. "예, 많이요. 나는 나를 신뢰하는 친구들을 실망시켜서 죄스럽고 내 아이들에게 짐이 되기 시작한 게 죄스러워요. 나는 그런 생각을 떨쳐 버릴 수 없는 것 같아요. 은퇴하면 하고 싶은 일도 많았는데 지금은 내가 할 것 같지 않아요."

결국 나는 자살에 대해 물었다.

"어르신은 가끔 인생이 살 만한 가치가 없다는 생각을 하십니까?"

"거의 매일이요."

"그런 생각이 들 때 어떤 생각을 하시나요?"

"사정이 더 좋아지지 않을 것이기 때문에, 선생님도 알다시피 내 건강이요, 내가 지금 내 인생을 끝낸다면 고통에서 나 자신을 구할 것이라 생각해요. 거기다 난 내가 해 오던 일을 즐기지 않고 내게 일어나는 일을 통제하지 못하는 것처럼 느껴져요. 나는 그런 느낌에 익숙하지 않죠. 적어도 이건 아니에요."

"참혹하게 들리는군요. 특히 어르신이 이렇게 느끼는 데 익숙하지 않아서요. 어르신이 자신을 해치는 생각이 들 때 그 일을 하는 방법에 대해 생각하십니까?"

"예, 나는 약 먹는 걸 생각하고, 아마도 수면제겠죠. 그리고 와인을 마신 후 잠드는 것을 생각해요. 내가 그걸 못하는 건 내게 약이 없고 죽을 거라는 확신이 없어서예요. 나는 나와 내 가족을 위해서 끝나길 바라지요."

"어르신은 자살을 감행할 방법에 대한 생각은 있지만 그렇게 할 수단이 없고 제대로 잘 해낼 거라고 확신하지 못하시는 것으로 들리는군요."

"그래요, 하지만 나는 그게 단지 시간문제라 생각해요."

물론 자살에 대한 이 정보는 나에게 중요했다. 나는 그녀에게 이 이야기를 정신과 의사에게 말했는지 물었고 그녀는 말했다고 했다. 이는 그녀의 현재 정신과 의사에 대한 불만족과 그녀의 첫 번째 정신과 의사에게 돌아가고 싶은 욕구에 대한 토의를 하게 했다. 그녀는 첫 번째 의사가 약 30마일 멀리 이사했을 때 정신과 의사를 바꾸었다. 그녀를 내게 의뢰한 새 의사는 35세가량으로 꽤 젊었고 군대에 계속 있어 왔고 사람들에게 '해야 할 일을 말하곤' 했다. M은 그것이 자기에게 아주 효과가 없었다고 말했다. 이 때 나는 지시적인 기술을 조심해야겠다고 기억해 둔다. 우리는 그녀가 첫 번째 정신과 의사로 돌아가는 가능성을 토의했고 나는 그녀가 이 문제로 곤란한 상황에 처하면 돕겠다고 제안했다. 나의 이런 태도로 신뢰와 동맹이 커지는 느낌을 받았는데, 마치 내가 나의 의뢰 원천과 한편이 아니라 그녀 편에 있다고 의사소통한 것 같았다.

그럼에도 불구하고 자살 위험의 당면문제가 남았다. 나는 그녀를 절박하게 위험하다고는 판단하지 않았지만 희망이 없다는 감정이 격해지면 나나 두 정신과 의사 중 한 사람에게 전화하겠다는 약속을 얻었다. 나는 또 두 번째 정신과 의사와 그 문제를 토의해도 된다는 허락을 서면으로 받았다.

이때가 첫 회기의 끝머리쯤이었다. 나는 그녀에게 우리가 앞으로 해 나갈 일에 대해 말할 시간이라고 알렸다. 나는 희망 없음과 비관론이라는 현저한 특징이 있는 불완전 관해에서의 주요 우울이라는 일차 진단을 내렸다. M에 대한 나의 개념화는 두 번째 정신과 의사와 매우 유사했다. 나는 그녀에게 우울을 위한 인지행동치료와 그 치료가 어떻게 전개되는지에 대해 간단한 개관을 해 주기로 결정했다. 그녀는 몇 주 동안은 일주일에 두 번 만나고 그 다음에는 일주일에 한 번으로 바꾸자는 생각에 수용적이었다. 그녀는 그녀의 사고패턴, 즉 '내 사고는 아주 부정적이야. 나는 더 낙관적이고 싶지만 내 상황은 희망이 없어.' 라는 패턴에 대해 작업하려는 생각에 특히 수용적이었다. 나는 치료적인 과제와 독서요법을 믿는 사람이기 때문에 그녀에게 나를 좀 더 낙관적이 되도록 도와주었던 책에 대해 말하고[1] 그녀에게 그 책이 보고 싶은지 물었다. 그녀는 경험에 개방적이었으므로 동의했다. 나는 그녀가 그 책을 받아들인 것이 동맹의 시작을 가리키는 것이기도 하고 그녀의 비관론이 극복될 수 없는 것이 아니라는 신호인 것처럼 느껴졌다.

결어

M은 인지적 손상이 문제가 아닌 경우였고 의사소통의 흐름이 젊은 내담자와 많이 비슷했다. 나는 그녀를 처음에 '미시즈(Mrs.)' 라고 부름으로써 존경을 표했다. 그녀가 자기를 M이라 부르라고 말했지만 말이다. 나는 또 그녀의 정신과 의사에 대한 불평을 진지하게 받아들이고 그 불평을 우울한 노부인의 비관적인 투덜거림으로 취급하지 않음으로써 존경을 표했다. 또 나는 그녀가 상담소를 오갈 때 상담소에서 그녀의 자동차까지 그리고 차에서 상담소까지 그녀와 함께 걸었다. 이는 큰 것을 의미

하는 작은 일이라고 말할 수 있었다.

M은 사실상 심리치료에 착수했다. 그녀는 그녀의 역기능적인 사고를 줄이는 데 진전을 보였지만 여전히 기복이 있다. 우리는 지금 유지 회기로 한 달에 약 한 번씩 만나지만 그녀는 약물요법을 계속한다. 그녀는 첫 번째 정신과 의사에게 돌아갔고 그들의 관계에 만족한다. 최근 회기에 그녀는 나에게 "지금까지 그 누구보다 선생님은 나에 대해 더 많이 알아요."라고 말했다. 나는 생각했다, '이 얼마나 대단한 특권인가.'라고.

S의 사례

S는 74세의 아프리카계 미국인 여성으로 그녀의 친구가 내게 의뢰했다. 그녀의 남편은 약속을 잡기 위해 내게 전화해서 아내가 마음이 산란하고 기억에 문제가 있어 보인다고 일러 주었다. 나는 첫 회기 약속을 하고 그에게 참여하라고 했다.

아마도 인지가 문제일 것이라고 생각했기 때문에 나는 MMSE를 준비해 두었다. 부부가 약속시각에 도착했을 때 남편의 말이 정확하다는 것이 분명했다. 그녀는 정말로 마음이 산란해 보였다. 회기 내내 그녀는 손을 굳게 잡고 세게 흔들었으며 자주 울었고 반복적으로 "난 단지 뭘 해야 할지 모르겠어요."라고 말했다. 그녀의 남편은 음울, 거의 비탄 상태였고 그도 무엇을 해야 할지 몰랐다. 그녀는 건강한 여성으로 보였다. 그녀는 만성적인 건강문제가 없다고 보고했다. 그녀는 폐경 우울을 한 차례 겪었는데, 항우울제로 성공적으로 치료되었고 갑상선기능부전증이 있어 약물 치료 중이라고 했다.

내가 회기를 시작함에 따라 나는 S부부가 어떻게 상호작용하는지 궁금해졌다. 그는 그녀에게 하는 질문에 답하려고 남의 말에 끼어들지 않았지만 그녀가 대답하기 어려워 보이면 단서를 제공했다. 예를 들어 내가 그녀에게 좋아하는 활동이 무엇인지 물었고 그는 그녀로 하여금 원예에 대해 생각나도록 했다. 그러자 그녀는 자기가 재배했던 꽃과 채소를 조금 상세히 묘사할 수 있었다. 나는 내가 그녀에게 말했을 때 예상보다 더 반응시간이 길다는 것을 알았다. 이런 관찰을 통해 나는 다음 순서로 간단한 인지검사를 생각했다.

그러한 검사의 필요성은 내가 남편에게 그의 걱정에 대해 물었을 때 확고해졌다. 그는 성공적인 사업가였고 그녀는 거의 50년의 결혼생활에서 그 부부가 해 온 다양한 사업의 사무를 처리해 왔었다. 그는 그녀의 기억 상실과 집중의 어려움에 대한 걱정이 점점 커졌다고 말했다. 예전에는 그녀가 한꺼번에 예약, 부기, 조세를 처리했지만 지금 그녀는 청구서를 지불할 시기와 단골상인의 이름 같은 간단한 것조차 기억하는 데 어려움이 있었다. 그는 대략 4개월 전에 그녀가 세금에 문제가 있음을 알아차렸다. 그는 그녀의 분위기가 점차 예측 불가능해지고 체중이 줄고 부부가 함께 하는 사회활동에 흥미가 줄어들고 있다는 것도 알았다.

그는 또 그녀가 최근에 자기를 '판단하고' 있는 모르는 타인에 대해 신경을 쓰기 시작했다고 보고했다. 내가 그녀에게 이런 진술이 맞는 것 같은지 물었을 때 그녀는 머리를 끄덕이며 "예, 나는 단지 무엇을 해야 할지 모르겠어요."라고 말했다. 이는 다루기 곤란한 상담이었다. 왜냐하면 S는 슬픔에 잠겨 보였고 남편은 지난 7개월 넘게 일어난 일의 엄청남에 압도되어 보였기 때문이었다. 그는 자주 아래쪽을 보았고 천천히 그의 머리를 가로저었으며 눈에서 눈물이 흘러나왔다.

나는 그들에게 나를 만나기 전에 문제해결을 위해 어떤 도움을 받아봤는지 물었다. 그녀는 남편과 두 아들의 재촉에 정신과 의사를 만난 적이 있었다. 남편에 따르면 그의 아내는 양극성 장애로 진단받았으며 리튬 카르보네이트와 항경련 약물치료를 시작했다. 그들은 그녀가 왜 양극성 장애로 진단받았는지 의심스러워했다. 이 투약계획을 시작하자마자 그녀는 수면에 문제가 생기고 더 불안하고 의심하게 되었으며 5일 후에 정신과 입원시설에 들어갔다. 그녀는 입원한 지 약 한 달 후에 나를 만난 것이었다.

그녀는 짧은 입원기간 동안 신경검사를 받았다. 신경과 전문의는 그 검사결과 기억에 문제가 있고 CT 스캔으로 보아 피질의 쇠퇴가 있다는 말을 했다고 남편이 이야기했다. CT는 또 가벼운 뇌졸중이 여러 번 있었던 것과 일치하는 결과를 보여 주었다. 그 정신과 의사는 SSRI 항우울제를 그녀의 약물치료에 추가하고 그녀의 남편에게 잘 간호하라는 권고와 함께 그녀를 퇴원시켰다.

남편과 S는 치료예후에 대해 확신이 없었고 다소 혼란스러웠다. 그들은 나와 접촉했을 때 다른 의견을 얻으려 했다. 또 그들은 누군가가 그들을 덜 낙담시키는 예후를 줄 수 있기를 희망했다고 생각한다.

나는 회기 중간쯤에 말했다. "어르신의 남편과 의사는 기억에 대해 염려하는 것 같군요. 어르신도 걱정하신다는 것 이해합니다. 만약 제가 어르신께 질문을 좀 드리고 이에 대한 느낌을 제가 얻을 수 있도록 몇 가지 해 주시겠습니까?" 그녀는 이 요청에 문제가 없었고 그래서 MMSE를 했다.

그녀는 작업기억의 결함을 보였지만 치매를 암시할 결함은 드러나지 않는 것이 확실했다. 그녀의 전체 점수는 26이었다. 나는 그녀에게 신경검사가 더 필요하고 노년심리학 전문가인 내 동료들 중의 한 사람에게 검사를 의뢰할 것을 기억해 두었다.

나는 S에게 MMSE를 해 보니 어땠는지 물었다. 그녀는 "썩 좋진 않았어요." 그녀가 정서불안으로 손을 비틀고 자신의 처지를 슬퍼하는 상황에서 어떤 구체적인 주제에 대해 정교화하거나 내용을 풍부하게 말하기는 매우 어려운 것 같았다. 그러나 내가 그녀의 인생에 대해 물었을 때는 약간 편안해 보였다. 잘 연습된 이 정보는 그녀에게 친숙한 영역이었다. 그녀는 남다르지 않은 아동기를 보내고 주립대학을 졸업했다. 그녀는 교사로 훈련받았고 졸업 후 고향으로 돌아갈 계획이었으나 대학에 있는 동안 남편을 만났고 그 후 곧 결혼했다. 그녀는 그를 위해 회계장부를 처리했고 두 아들을 키웠다. 우리가 이야기를 해 감에 따라 나는 그녀가 유머에 잘 반응한다는 것을 알았다. 이는 그녀의 재난수준을 적어도 일시적으로 줄여 주는 것 같았다.

회기가 끝에 다다르면서 나는 그녀의 사례에 대해 답보다 의문이 더 많다는 것을 깨달았다. 나는 먼저 내가 사실을 옳게 알고 있는지 확인하기 위해 내가 알게 된 것을 부부에게 요약해 보았다. "제가 오늘 어르신에게서 들은 것을 말씀드릴게요. 만약 제 말이 틀리면 바로잡아 주세요, 아시겠지요? 문제는 약 넉 달 전쯤에 시작되었어요. 어르신은 아내가 평소에는 별로 문제가 되지 않던 사무업무에 문제가 있다는 것을 알았어요. S부인, 이는 어르신의 기억과 집중력에 이러한 변화가 있다는 것을 알아차렸다는 것으로도 들리는군요. 물론 이 일은 두 분 모두에게 당황스러웠고요. 어르신은 무슨 일이 일어나고 있는지 몰랐기 때문에 제대로 처신해서 전문가인 정신과 의사를 찾았습니다. 그는 어르신의 증상을 치료하기 위해서 약물치료를 시작했고 안정을 위해 며칠간 입원했습니다. 제가 이해한 바로는 거기에서 차도가 없었습니다. 맞습니까?'

내가 회기를 어떻게 끝낼까 생각하면서 나는 뭔가가 이 상황에 맞지 않다는 것을 알았다. 인생 후반부에 양극성 장애의 첫 에피소드가 나타나는 일은 드물다. 나는 이런 정보를 의생태학 문헌을 통해 알고 있었다. 대부분의 치매성 질병이, 특히 알츠하이머병의 시작은 훨씬 느리고 모르는 사이에 진행한다는 것도 알고 있었다. 반면, S의 경우 인지기능의 변화가 상당히 갑작스러웠다. 그러나 치매의 가능성을 높이는 CT 스캔의 결과가 있었다. 또 그녀가 정서불안으로 손을 비트는 것은 전형적인 현상이 아니었다. 내 얼굴은 의문에 차서 큰 물음표처럼 보였음에 틀림없다.

나는 그들에게 말했다. "저는 어르신이 당황스럽다는 것을 확실히 아는 것 외에는 정말로 무슨 일이 일어나고 있는지 확신할 수 없어요. 어르신이 이 상황을 어떻게 더 잘 대처할 수 있는지 말씀드리기 위해 며칠 후에 우리가 다시 만났으면 합니다. 그때까지 저는 어르신의 내과 의사와 정신과 의사를 접촉해도 된다는 허락을 받고 싶어요. 아마 우리 모두가 이마를 맞대고 의논한다면 어르신을 돕기 위한 계획을 생각해 낼 수 있겠습니다. 저는 또 어르신의 기억을 철저히 평가할 수 있는 사람과 접촉하고 싶습니다. 그렇게 해 주시겠습니까?"

그녀는 동의했다. 나는 그들에게 질문이 있는지 물었다. 남편이 질문했다.

"아내가 알츠하이머병이라고 생각합니까?"

"그 경우일지도 모릅니다. 하지만 저는 정말로 확신할 수 없어요. 누가 알츠하이머병이라고 말했습니까?"

"아뇨, 하지만 그걸 암시하는 것 같아요. 나는 그녀를 돌볼 장소를 찾기 시작한다는 말을 들었어요. 아주 상태가 나쁘게 들려요."

이 경우에 나는 어떤 치료가 적절할 것인지 확신할 수 없었기 때문에 특정 치료에 대한 오리엔테이션을 할 수 없었다. 나는 두 번째 회기를 예정하는 것으로 회기를 마감했다. 내가 그들이 떠나는 것을 볼 때 나는 그들이 경험하고 있는 고통 때문에 마음이 무거웠다.

결어

그 부부와 회기를 시작하자마자 나는 그들의 일차 진료 의사와 접촉해서 그녀의 최근 의료내력을 물었다. 그는 그녀의 진료기록을 보고 나서 약 5개월 전에 갑상선기능부전증 치료를 시작했다고 했다. 다른 모든 점에서는 건강이 좋았다. 그는 정신과 의사의 치료를 받은 것은 알고 있었지만 상세한 것은 몰랐다. 그는 그녀를 약간 어수선하고 표현이 과장된다고 기술했다. 나는 그에게 인지적 손상의 증후에 대해 물었다. 그는 이렇게 말했다. "그 분의 나이 이상으로 많지는 않아요."

이 협의 후에 현실이 드러났다. 갑상선기능부전증 치료의 시작은 그녀의 인지기능과 정서적 안녕의 변화와 밀접하게 부합했다. 나는 그녀의 증상이 갑상선 보충과 관련이 있을 수 있는지 궁금했다. 내가 그 문제를 심사숙고하자 그녀의 증상이 갑상선기능 '항진' 으로 볼 수 있다는 생각이 들었다. 나는 그녀의 의사에게 다시 전화했고 그는 그날 밤 집에서 응답전화를 했다. 우리는 내가 관찰한 것에 대해 토의했고 그는 진단을 새로 할 가치가 있다고 말했다.

S의 증상의 시작과 그녀의 갑상선 치료는 동시지표 그 이상으로 판명되었다. 그녀의 의사는 우리에게 자신의 진단이 틀렸고 그녀가 갑상선 보충을 시작한 때에 갑상선기능부전이 아니었다고 알려 주었다. 그녀의 다소 드라마틱한 표현양식과 증가된 불안과 정서적 불안정은 정신과 의사가 양극성 장애로 진단하도록 했다.

S의 의사는 그녀의 정신과 의사와 상의했고 정신과 약물이 중단되었다. 몇 주 지나자 그녀의 기분과 인지기능이 개선되었다. 그 이후의 나의 역할

은 그들을 모니터하고 DSM-IV로 말하자면 그들이 급성 스트레스 장애를 대처하도록 돕는 것이었다. 급성 스트레스 장애란 PTSD(역주 : Post Traumatic Stress Disorder, 외상후 스트레스 장애)의 발전에 선행할 수 있는 외상 사건에 대한 반응이다. 나는 확실히 그 부부의 경험을 외상으로 기술한다.

이 사례들은 노년심리학의 지식이 노인과의 작업에 이득이 될 수 있다는 것을 증명한다. 이는 진단하고 치료계획을 세우기 위해 많은 정보를 종합적으로 다뤄야 하는 첫 회기에서는 특히 진실이다. 그러나 첫 회기는 단지 정보를 모으는 과정이 아니다. 치료관계의 시작이기도 하다. 나는 이 사례들에서 내담자를 존경하는 마음이 전달되었길 바란다. 왜냐하면 나는 이것이 노인과의 라포 형성에 중요한 측면이라고 믿기 때문이다.

마지막으로 이 사례들이 증명하듯이 당신이 노인 내담자에 대한 옹호자가 되는 것이 때때로 필요하다. 이것은 시간이 걸리는 일이고 그렇게 하라고 요구하지는 않지만 직무의 한 부분이다.

 각주

1. Seligman, M. E. P. *Learned Optimism: The Skill to Conquer Life's Obstacles, Large and Small.* New York: Random House, 1991.

여러 해 전에 누군가가 YAVIS 내담자라는 것을 제안했다. 그 생각은 풍자적인 것이지만, 이상적인 내담자란 젊고(young) 매력적이고(attractive) 언어적이고(verbal) 지적이어야 하고(intelligent)… 내가 도저히 기억할 수 없는 S로 시작하는 뭔가여야 한다는 것이다. 내가 임상작업을 몇 년간 해 보니 나의 결론은 그렇지 않다. YAVIS가 아니라 OAVIS, 즉 젊기보다 나이가 많아야 한다.

사실 치료결과와 관련된 연구는 이런 내담자의 특성 중 어느 것도 지지하지 않는다. 요컨대 노인과의 작업은 도전적이고 보람이 있다는 것이다. 나는 노인과의 첫 회기에 관한 이 책에서 이러한 두 측면을 잘 전달했기 바란다. 도전은 인지변화, 건강문제, 가족관여에 있고, 절망한 사람이 통합해 나가는 것을 보는 보람은 노인 내담자와 하는 작업의 일부분이다.

변화해 가는 인구통계로 보아 21세기의 심리치료 전문가는 60, 70, 80, 90대 그리고 심지어 100살대의 내담자와 작업할 것이다. 심리사회적인 치료는 노인의 삶의 질을 개선하거나 내가 들은 표현 그대로 '삶에 활기를 넣는' 역할을 하는 한 부분이다. 나는 당신도 나처럼 노화와 정신건강에 흥미를 가지고 저널과 책을 읽음으로써 노년심리학을 계속 공부하길 장려한다. 더 중요한 것은 노인 내담자를 보고 그들에게서 배우는 것이다.

행운이 있길!

Carstensen, L. L., Edelstein, B. A., and Dornbrand, L. *The Practical Handbook of Clinical Gerontology.* Thousand Oaks, Calif.: Sage, 1996.

Hartman-Stein, P. E. *Innovative Behavioral Healthcare for Older Adults.* New York: Plenum, 1996.

Nordhus, I. H., VandenBos, G. R., Berg, S., and Fromholt, P. *Clinical Geropsychology.* Washington, D.C.: American Psychological Association, 1998.

Papalia, D. E., Camp, C. J., and Feldman, R. D. *Adult Development and Aging.* New York: McGraw-Hill, 1996.

Zarit, S. H., and Knight, B. G. *A Guide to Psychotherapy and Aging.* Washington, D.C.: American Psychological Association, 1996.

| ㄱ |

가정방문 상담 132

가족의 참여 143

가족치료 58

간단한 정신역동 치료 172

간이 정신상태 검사(MMSE) 88, 151

간호 50

간호자의 고갈 71

갑상선기능부전증 190

갑상선기능항진 195

갑상선 약물치료 190

강화 174

객관적인 기억기능 44, 85

결정 지능 43

경험에 대한 개방성 35

경험을 외상 196

경험적으로 지지되는 치료 171

고독 21

고등 일상활동 89

고령노인 32

고혈압 34

공감적인 의사소통 112

공공시설 28

공황장애 67

관절염 34, 93

광장공포증 44

교수법 132

구조화된 진단적 상담 134

근면성 대 열등감 48

금주법 37

급성 스트레스 장애 196

기능연령 33

기대수명 28

기발한 상호작용 이미지 174

기본적인 일상활동 89

기분부전장애 99

기술적 절충주의 169

기억술 44, 174

기억훈련 174
기억훈련 프로그램 44
긴박성 157
깊이지각 45

| ㄴ |
나약함 40
내담자 양식과 질문지 45
내담자–치료전문가 동의 108
노년심리학 20
노년학 51
노인성 난청 45
노인우울검사(GDS) 66
노인 전문 정신과의사 64
노인 정신건강전문가 175
노인정신치료 전문 입원시설 178
노인 차별적 태도 121
노인 학대와 방임 160
노화와 성 47
노화의 다양성 32
노화의 인구통계 28
녹내장 46
녹음테이프 132
뇌졸중 93

| ㄷ |
다중매체 131
다중문화 사회 34
당뇨 185
대처기술 143

데이캐어 프로그램 179
도구적 지지 96
독서요법 189
독서치료 143
동맥 107
동맥 고리 117
동산의 파괴 160

| ㄹ |
루이 소체 치매 41
리튬 카르보네이트 192

| ㅁ |
만발성 68
만성병 34
말더듬증 84
망막의 황반변성 46
메모장 140
무료 작업 64
문화적 시대정신 37
물리적 단서 44
물질남용 21, 68
물질유도지속성치매 41
미국심리학회(APA) 178
미란다 권리 149
민사권한 149

| ㅂ |
반영적 코멘트 115
방임 160

배경소음 131
백내장 34, 46
범불안장애 67
베이비붐 20, 32
보상 74
부적인 사회지지 96
불안 21, 67
불안완화제 62
불안장애 98
비관론 183
비밀보장 101, 136
비밀보장의 한계 135
비아그라 47

| ㅅ |
사별 50, 74
사회공포증 49, 67, 98
사회문화적 영향 37
사회 서비스 기관 176
사회연령 33
사회적 지지망 31
사회화 영향 37
삶의 질 198
상실 50, 73
샌드위치 세대 72
생물학적 연령 33
생산성 대 침체감 48
생애점검 49, 173
생존곡선 28
생존곡선의 '직사각형구조화' 28

생활보조 시설 64
생활보호시설 179
생활조건 112
선택성 세로토닌 재흡수 억제제(SSRI)
      183
성격의 5요인 모델 35
성숙과 관련된 특수한 도전 모델
      23, 170
성실성 35
성인보호관청 153, 161
성적 흥미의 변화 64
세계 대공황 37
소거 174
소화 장애 93
속도 129
수다스러움 114, 125
수면 21
수면장애 65, 69
수명 28
수명증가 28
스토아주의 39
슬픔 73
시각장 46
시간엄수 110
시력손상 45
신경검사 192
신경증적 성향 35
신경퇴행성 장애 65
신뢰감 대 불신감 48
실금 93

심리사회적 치료 64
심리적 연령 33
심리적 학대 160
심리치료 의뢰 57
심리치료의 효과 142
심장 혈관 질환 93

| ㅇ |
안과 질환 46
안심시키기 164
알츠하이머병 42
알코올 남용 68
애완동물 173
약물 68
양극성 장애 192
양육실제 112
억제 통제 114
억제된 면역능력 71
역사적 사건 37
역연령 33
역전이 116, 120
역할기대 33
역할 준비 139
연소노인 32
외상 196
외향성 35
요양원 28, 179
우울 21, 64
우울의 신체적 징후 187
우호성 35

운전능력 150
위기라인 157
유머 193
유언 능력 149
유예시설 179
유행병 집수(集水) 지역 연구 38
은퇴 50
은퇴생활센터 179
은퇴 편의시설 31
음식제공 120
의뢰결정 175
의료결정 능력 149
이름-얼굴 회상과제 83
이완훈련 44, 111
이중관계 119
이질성 34
인간의 8단계 48
인권 학대 160
인종차별 37
인지와 노화 41
인지적 억제의 파손 115
인지적인 느림 84
인지치료 172
인지행동치료(CBT) 132, 140
일차 진료 의사 61

| ㅈ |
자극통제 174
자금관리 59, 91
자금관리 능력 149

자기노출 119
자기 돌보기 능력 152
자기보고 44
자살관념 158
자살률 153
자살사고 157
자율성 대 수치심과 의심 48
작업동맹 107
재정적 착취 160
저비용의 합법적 서비스센터 179
적극적 경청 113
전문적인 의사소통 97
전이 116
정보적 지지 96
정서적 지지 96
정신약리학 61
정신운동 지체 84
정신활성 약물치료 61
정체감 대 정체감 혼돈 48
제1차 세계대전 37
제2차 세계대전 37
제3의 당사자 100
조명 131
조발성 68
존경 108, 125
주관적인 기억 85
주관적인 기억기능 44
주도성 대 죄책감 48
주변시야 45

주식시장의 붕괴 37
주요우울 99
주의력결핍과잉행동장애(ADHD) 63
죽음 50, 75
지각결함 45
지각변화 45
지시적 대 비지시적 상담전략 133
지혜 50, 170
집중과 기억의 어려움 64

| ㅊ |
차별강화 174
착한 딸 121
착한 아들 117, 121
천천히 단순하게 말하기 130
첫 회기의 일정 134
청력손상 45
초고령 노인 32
치료결과 107
치료계획 142
치료동맹 107
치료 매뉴얼 172
치료 오리엔테이션 138
치매 41
치매평가를 위한 지침과 연령에
    관련된 인지쇠퇴 91
치사성 157
친밀감 대 고립감 48
칠판 131, 134, 140

| ㅋ |
코호트 스토아주의 39

| ㅌ |
타임아웃 174
테이프 리코더 132
통증 93
통합감 대 절망감 48
특별한 고려 119

| ㅍ |
파킨슨병 93
폐경 우울 190
피로 64, 132

| ㅎ |
학대 160
합법적 센터 179
항경련 약물치료 192
항우울제 62
행동치료 172, 173
향정신성 약물치료 93
혈관성 치매 41
협력적 경험주의 140
호칭 109
호흡기 질환 93
활동센터 64
황반변성 46
회고 집단상담 173
회고치료 173

회기 수 142
회기준비 111

| 기타 |
Baltes, P. B. 51
Beck의 우울검사(BDI) 67
Beck, A. T. 141
Beutler, L. 59
Browning, R. 25
Costa, P. T., Jr. 36
CT 스캔 192
DSM-IV 74, 97, 196
ECT 73
Erikson, E. H. 48
Gaston, L. 107
IADL 91
Knight, B. 129, 170
Lawton, M. P. 114
Levinson, D. 48
Loevinger, J. 48
McCrae, R. R. 36
OTC 약물 68
PTSD 196
sildenafil citrate 47
Smith, J. 51
SOAP 형식 110
SSRI 항우울제 192
V 코드 100
Yost, E. 100

■■■■■■ ■ 저자 소개

Forrest Scogin은 터스컬루사 소재 앨라배마 대학교 심리학과 교수이자 대학원 주임교수이다. 그는 녹스빌 소재 테네시 대학교에서 심리학으로 학사를(1977), 세인트루이스 소재 워싱턴 대학교에서 석사(1980)와 박사(1983) 학위를 취득했다. 그는 투손 소재 애리조나 대학교의 건강과학센터에서 건강심리와 심리치료를 연구하며 박사 후 연구원(1984)을 지냈다.

Scogin은 임상노년심리학 분야에서 연구활동을 해 왔다. 그는 노인의 우울과 불안치료, 기억훈련, 지역노인의 정신건강 등의 주제로 저서 및 논문을 출판했고, 이러한 연구활동을 위해 많은 외부자금을 받았다.

Scogin은 APA의 제12분과(임상)와 제20분과(성인발달과 노화)의 회원으로, 노인치료를 중심으로 하는 개인 진료소를 운영하고 있고 앨라배마 대학교 체육과의 스포츠심리학 컨설턴트이다.

■■■■■■ ■ 역자 소개

김영경은 경북대학교 대학원에서 심리학으로 석사 학위를 취득하고 현재 동 대학원에서 노년심리를 전공으로 박사 과정에 재학 중이다.

저서 및 역서, 논문으로는 『노인상담 : 경험적 접근』(공저, 시그마프레스, 2006)과 『무의식의 보고 꿈』(공역, 학지사, 2007), 「노화와 자전적 기억 : 회상유형과 사상유형에 따른 일화 및 비일화 기억 양상 간 비교」(한국심리학회지 : 발달, 22-3, 2009)가 있다.